Mauro Cardoso Simões

JOHN STUART MILL

1ra Edição

GlobalSouth
P R E S S

Book designed by

Karla Pastore

John Stuart Mill By Cardoso Simões, Mauro—1st ed. — 2016

Includes bibliographical references and index.

ISBN: 978-1-943350-33-9

1. Phylosophy — History

2. Biography — English Philosopher

3.International Studies — United Kingdom

GlobalSouth

P R E S S

Bulent Acma, Ph.D., Department of Economics, Anadolu University, Eskişehir, Turkey.

Flavio Saraiva, Ph.D., Universidade Nacional de Brasília, Brasilia, Brazil.

Helmunt Schlenter, Ph.D., Institute for Global Dialogue, Pretoria, South Africa.

Tullo Vigevani, Ph.D., Sao Paulo State University, Sao Paulo, Brazil.

Monica Arruda Almeida, Ph. D., Georgetown University,Washington, D.C., United
States of America.

Yong J. Wang, Ph.D., Ohio University, Columbus, United States of America.

Chih-yu Shih, Ph.D., National Taiwan University (ROC), Taipei, Taiwan.

Irene Klumbies, Ph.D., Jacobs University Bremen, Bremen, Germany.

Sai Felicia Krishna-Hensel, Ph.D., Center Business and Econ. Develop., Auburn
University at Montgomery, Montgomery, United States of America.

José Ãlvaro Moisés, Ph.D. Universidade de São Paulo (USP), São Paulo, Brazil.

"Y ES QUE EN EL MUNDO TRAIDOR, NO HAY VERDAD NI MENTIRA
todo es según el color del cristal con que se mira "
Ramon de Campoamor

Dedico este livro aos alunos da *Faculdade de Ciências Aplicadas* da Unicamp, com os quais tenho discutido alguns elementos do pensamento utilitarista de Mill, nas disciplinas '*O utilitarismo e seus críticos*' e '*Ética e Cidadania*'.

Dedico, também, aos amigos: Elisete Paz King, Clarisvaldo Silva Brito (Caio), Giovanni Alberto Gomez Rodriguez, Rogério Simões da Silva, Jéssica Iolaine, Lindório Carlos Nogueira (Carlão), Vanilda Martins Nogueira, José Umbelino da Silva.

SUMÁRIO

Prefácio

PREFÁCIO

John Stuart Mill é um dos autores fundamentais e imprescindíveis do pensamento social e político moderno. Fundamental, porque soube como poucos enfrentar, com profundidade analítica e ao mesmo tempo com elegância ímpar, os grandes problemas da tradição e dar-lhes uma resposta à altura de seu tempo. Imprescindível, porque os problemas que elencou continuam a ser, basicamente, os de nosso tempo, de tal modo que quem quiser compreendê-los como merecem, não tem como evitar um retorno a Stuart Mill, ainda que de uma perspectiva crítica.

Penetrar na obra desse autor, contudo, não é tarefa simples. Ao longo de sua vida, e já em sua própria formação, Mill foi influenciado por muitas correntes filosóficas e movimentos intelectuais e artísticos. Sem dúvida, está lá, entranhado em sua mente, o apelo do utilitarismo, herança de seu pai e seu padrinho-preceptor, nada menos que Jeremy Bentham. Mas também estão lá, em doses muito fortes, as aspirações do liberalismo, com seu acento nos valores da individualidade, e da democracia, no que concerne a participação popular tanto nas grandes decisões nacionais quanto nos frutos da cooperação social. Isso para não falar do impacto do movimento romântico, com sua fervorosa defesa da originalidade e da criatividade humana.

Todas elas tendências nada fáceis de reconciliar numa mesma mente, mas que o pensador britânico tomou como o desafio de sua vida, empregando nele todo seu brilho e energia intelectuais, além da enorme erudição, buscando uma síntese que muitos considerariam, hoje como ontem, impossível. E, no entanto, impossível ou não, é exatamente a compreensão da complexidade desse desafio, e a disposição para responder na mesma medida, que faz da obra de Mill tão rica e tão fascinante.

Nada a surpreender, portanto, que o autor tenha recebido reiterada atenção ao longo do século XX, mas especialmente nas últimas décadas, nos diversos campos de conhecimento que sofreram o impacto de sua intervenção: filosofia moral, ciência política, sociologia, economia, crítica literária... Porém, é provavelmente na intersecção entre a moral, a política e a sociedade que vamos encontrar uma atenção e uma curiosidade redobradas em sua obra. Em particular, depois que Mill passa a ser tomado como um autor-chave para avaliar a grande revisão da influência do utilitarismo na edificação das instituições sociais contemporâneas, hoje empreendida em vários campos da teoria e da prática, dentro e fora da pesquisa acadêmica, a começar no mundo anglo-saxão. E só poderia ter sido ele mesmo esse autor, uma vez que seu esforço de síntese tem coisas únicas a dizer sobre o problema clássico da intersecção acima mencionada, problema que a própria emergência e desenvolvimento do utilitarismo recolocou em novos termos.

O presente livro é uma coletânea de estudos que endereça precisamente essa questão. Seu autor, que exerce a docência na Universidade Estadual de Campinas ministrando disciplinas de ética e filosofia nos cursos da nova Faculdade de Ciências Aplicadas daquela instituição, demonstra em cada um desses estudos um impressionante domínio – pouco comum em solo brasileiro – da extensa produção milliana, inclusive de sua correspondência. É o que lhe dá competência e confiança para engajar-se em alguns dos debates mais intrincados em torno dessa produção, discutindo de igual para igual com vários expoentes da comunidade acadêmica internacional. Sua familiaridade com esses debates, seu mapeamento ao longo do livro e a disposição para aprimorá-los com sua contribuição original, por si sós já recomendariam sua leitura.

Tão interessante quanto, porém, é a tenacidade com que persegue, a seu ver no espírito do empreendimento do autor investigado, a renovação do utilitarismlo, tendo plena ciência das críticas severas (mas nem sempre justas) que se fizeram a essa corrente nos últimos anos e da própria percepção de Mill a respeito dos *gaps* teóricos e práticos deixados por seus fundadores. Antes, portanto, de uma exposição sumária e didática da obra desse clássico do pensamento moderno, o leitor encontrará aqui o louvável esforço de um autor brasileiro para dialogar com a fronteira do conhecimento em sua área de atuação.

Cicero R. de Araujo[1]

•••••••••••
1   Professor Titular de Teoria Política do Departamento de Ciência Política da Universidade de São Paulo.

AGRADECIMENTOS

Capítulo 2: Reimpresso com a permissão do Editor da *Revista Veritas*, (Porto Alegre. Impresso), v. 58, p. 174-189, 2013. Há algumas alterações da versão anterior.

Capítulo 5: Reimpresso com a permissão da Editora da *Revista Ethic@* - Revista Internacional de Filosofia Moral (UFSC), v. 10, p. 65-83, 2011. Há alterações em relação ao texto publicado com o título 'Paternalism and Antipaternalism'.

Os capítulos 1, 3 e 4 foram elaborados a partir de subsídio concedido pela *Fapesp* para um período de pós-doutoramento na *Universidad de Barcelona* (2014-2015).

Agradecimentos especiais ao professor José Manuel Bermudo que aceitou supervisionar meu período de pesquisa na *Universidad de Barcelona* e pelas conversas profundamente estimulantes sobre o pensamento de Mill.

CAPÍTULO 1

JOHN STUART MILL: ASPECTOS AUTOBIOGRÁFICOS

Num texto brilhante, de Herzen, podemos encontrar a seguinte passagem: *"Não se poderá seguir vivendo assim: é óbvio que o presente é demasiado absurdo, duro e insuportável, porém, onde está a saída/ Não há saída, respondeu Chaadáev*[1]. A resposta de Mill era, como veremos, muito diferente. Mill não suportaria tornar-se um homem que fosse, ao mesmo tempo, um escravo de sua educação, ou, ainda nas palavras de Herzen, um "escravo inteligente".

Sua *Autobiografia* revela, nesta direção, o processo de depuração, de isolamento, de angústia e de transformação renovadora por que passou. E o momento de crise psicológica, marcou decisivamente os rumos de seu pensamento, de seu autodesenvolvimento, de sua autonomia individual. A situação de crise mental perturbou-o a tal ponto que muitos viram nessa virada um verdadeiro afastamento do ideal reformador do utilitarismo que o precedera. Mill percebe, no entanto, que a vida dispõe de uma grande variedade de fins, e desenvolve uma reflexão capaz de fornecer novos tecidos para os novos tempos[2] que se anunciam, que bem poderiam ser os nossos tempos ou expressar-se de um modo tal, que bem poderia ser o modo de experiência de muitas pessoas.

A vida e a obra de John Stuart Mill (1806-1873) possuem uma coerência e harmonia que ainda hoje impressiona. Os traços que marcam sua vida privada e seu percurso filosófico e político podem ser encontrados em grande parte de suas obras, com destaque para sua Autobiografia. A análise que faz de sua trajetória educacional e de sua participação ativa na vida política da Inglaterra e sua atuação como parlamentar pode ser considerada perfeitamente interligada com suas posições pessoais, apecto raro em nossos tempos.

Nascido em 20 de maio de 1806, John Stuart Mill aprendeu aos 3 anos de idade, grego, história, lógica, dentre outros assuntos. Aos 10 anos dedicou-se a estudar a economia clássica de David Ricardo, amigo de seu pai James Mill (1773-1836). Aos 18 anos passou 1 ano na França para enriquecer sua educação, tendo conhecido Saint-Simon e nutrido uma certa simpatia por seu pensamento. Mas, nada haveria de se comparar às influências que receberia de seu próprio pai e de seu tutor, Jeremy Bentham (1748-1832)[3].

• • • • • • • • • • • •

1   Alexandr Ivánovich Herzen. Pasados y pensamientos. p. 111.

2   "Descobri que o edifício de minhas velhas opiniões recebidas estava cedendo em muitos pontos, mas nunca deixei que ele se desfizesse em pedaços, ocupando-me incessantemente em reconstruí-lo com novos materiais". MILL. *Autobiografia*, p. 141.

3   Cf. John Stuart Mill & a Liberdade. RJ: Zahar Editor, 2008.

Durante uma parte considerável de sua juventude defendeu com ardor a versão benthamiana do utilitarismo e em 1823 fundou a *Sociedade Utilitarista*. Em parceria com alguns amigos discutia ativamente as teses de Bentham, além das novidades provenientes da ciência e da política. Nesse mesmo período passa a escrever artigos, prática que manterá ao longo de toda a sua vida. Ainda no ano de 1823 assume um cargo na *Companhia das Indias Orientais*, emprego que manterá até 1868.

Um dos momentos mais marcantes da vida de Mill diz respeito à sua relação apaixonada com Harriet Taylor[4]. Sabe-se que se tornaram próximos a partir de 1830 e que se casaram em 1851; Harriet Taylor falecera em 1858. Segundo o próprio Mill, Harriet teve uma profunda influência em seu desenvolvimento intelectual. Compartilhando um profundo sentimento por causas sociais e reformadoras, grande parte das ideias de Mill contou com a inspiração de Harriet[5], ao lado de quem foi sepultado no dia 08 de maio 1873.

1.1- Sobre as interpretações de Mill

Durante toda sua vida, Mill foi um reformador utilitarista preocupado em aprimorar[6] a condição do homem e da sociedade, considerando a felicidade como o único e verdadeiro fim da moral e da política. Deste modo, não se pode afirmar que suas ideias tenham permanecido inalteradas. Ao contrário, sua visão teórica sobre o homem e a sociedade alterou drasticamente, desde a defesa instransigente do credo benthamiano até a busca de fundamentação teórica do utilitarismo.

Essa transformação tem início no ano de 1826, pois se considerarmos sua *Autobiografia*, o período anterior tinha sido dominado pela presença intelectual e moral de Jeremy Bentham e de seu pai, James Mill.

• • • • • • • • • • • •

4   Em 1830, Harriet Taylor era uma jovem mãe casada, grávida de seu terceiro filho. Após vários anos de amizade íntima, decidiram, em consulta a John Taylor, seu marido, uma aproximação. Mill pretendia visitar regularmente Harriet. A resposta de John Taylor foi taxativa. Não deveriam ter qualquer proximidade, mantendo intacta a honra dos Taylors. Somente em 1851, com a morte de John Taylor, os dois finalmente puderam reaproximar-se, casando-se.

5   Cf. SIMÕES, M. C. Sobre John Stuart Mill: uma crítica à interpretação de Gertrude Himmelfarb. In: *Revista Seara Filosófica* (Online), v. 8, p. 7-13, 2014.

6   Cf. BRINK, David O. *Mill's Progressive Principles*. Oxford: Oxford University Press, 2013.

Após sua "crise mental"[7], momento de profunda transformação no modo de encarar a vida, o homem e a sociedade,Mill adquire um modo próprio de pensar, que muitos chegaram a afirmar existir a partir desse momento um verdadeiro rompimento com o utilitarismo[8]. Essa interpretação, como veremos, é por demais exagerada. Na verdade, por toda a década dos anos 30 do século XIX, Mill não abandona o utilitarismo, mas procura ampliar seus horizontes a partir do contato com pensadores como Coleridge, Thomas Carlyle, John Sterling, Saint-Simon, Auguste Comte, Alexis de Tocqueville, para citar alguns. O que temos a partir deste momento é um pensamento renovado e matizado, que recolhe os insights de diferentes tradições[9].

De todo modo, este período é tão marcante em sua vida, que o próprio Mill divide seu pensamento em três momentos - primeiro: de suas primeiras recordações até o ano de 1826-1827 (momento de sua "crise mental"); segundo: a partir de sua "crise mental" até 1840 e, terceiro: de 1840 até o início de 1873, que representa a fase madura dos escritos de Mill.

Vale ressaltar que o principal foco de interesse dos intérpretes de Mill tem sido a terceira fase de seu pensamento, período no qual Mill publica suas principais obras: *A System of Logic* (1843) *Consideration on Representative Government* (1861), *Principles of Political Economy* (1848)

Utilitarianism (1861 – primeiramente publicado no Vol. 64 da *Fraser's Magazine* e, em 1863, como livro), *Auguste Comte and Positivism* (1865), *Subjection of Women* (1869), *On Liberty* (1859), *Chapters on Socialism* (1879) e a *Autobiography* (1873).

• • • • • • • • • • • •

7   Segundo John Robson, Mill jamais utilizou a expressão "Mental Crisis" para se referir ao período de 1826-1827. Cf. Robson (1968) pp.21-49.

8   Veja-se, por exemplo, John Plamenatz, *The English Utilitarians* (Oxford, Basil Blackwell, 1966); R. P. Anschutz *The Philosophy of J. S. Mill* (Oxford, Clarendon Press, 1953); C. L. Ten, *Mill On Liberty* (Oxford, Clarendon Press, 1980); Ernest Albee, *A History of English Utilitarianism* (London, Swan Sonnenschein & Co., 1902); John Grote, *An Examination of the Utilitarian Philosophy*, ed. Joseph Bickersteth Mayor (Cambridge, Deighton Bell and Co., 1870), Ch. 1; James Gouinlock, *Excellence in Public Discourse: John Stuart Mill, John Dewey, and Social Intelligence* (New York, Teachers College Press, 1986), pp. 21, 76, 155., dentre outros.

9   BRINK, David O. *Mill's Progressive Principles*. Oxford: Oxford University Press, 2013, p. x.

1.2 - Interpretações: Tradicionais e Revisionistas

As recentes interpretações de Mill são comumente chamadas de "revisionistas", em oposição à visão "tradicional"[10].

As contribuições de Alan Ryan, Fred Berger, J. C. Rees, C. L. Ten, Donald G. Brown, Henry West, J. P. Dryer, Roger Crisp, Jonathan Riley, John Gray, Esperanza Guisán, David O. Brink e Dale Miller (para citar alguns) pertencem à visão revisionista e tem procurado analisar e defender que os textos de Mill, ainda que matizados e complexos, são detentores de uma consistência interna.

A interpretação *tradicional* dos escritos de Mill defende a incompatibilidade entre o seu utilitarismo e a defesa da liberdade pessoal e individualidade, tal como desenvolvida em *On Liberty*. Muitos críticos focam sua atenção sobre as pretensas inconsistências e contradições na filosofia de Mill e subestimam a crença de Mill na liberdade e na utilidade. Intérpretes como James F. Stephen, Maurice Cowling, J. Plamenatz (para quem Mill realizou uma verdadeira traição do utilitarismo de Bentham) defendem tais inconsistências, além de Gertrud Himmelfarb, defensora da tese dos dois Mill's.

A busca de reconstrução do pensamento de Mill ganhou novos contornos com a edição e publicação das *Obras Completas de John Stuart Mill (The Collected Works of John Stuart Mill - CW)*, organizada por John Robson e composta de 33 volumes (Toronto: University Of Toronto Press). Os textos estão atualmente disponíveis on line e podem ser acessados em: <http://oll.libertyfund.org>.

Há, também, sociedades que procuram investigar o pensamento utilitarista e rejuvenescer esta corrente de pensamento que é motivo de debate acalorado e de ferrenha oposição: é o caso do *Bentham Project*, da

University of London, da *International Society fo Utilitarian Studies* (ISUS), da *Sociedad Iberoamericana de Estudios Utilitaristas* (SIEU), além do *Centre Bentham* e do trabalho de tradução desenvolvido pela *Leuphana Universitat Luneburg*.

Meu objetivo neste capítulo é investigar a compatibilidade das teses utilitaristas e liberais de John Stuart Mill. Apresentarei, inicialmente, os principais críticos da filosofia moral e política de Mill, para os quais

••••••••••••
10   Cf. GRAY, John. "John Stuart Mill: Traditional and Revisionist Interpretations". Disponível em: http://www.econlib.org/library/Essays/LtrLbrty/gryMTR.html

o discípulo de Bentham teria abandonado o utilitarismo ou, ainda, não esclarecido suficientemente seu princípio da liberdade, o que o tornaria um pensador assistemático e inconsistente. Minha tese é contrária a tais interpretações, uma vez que sustenta ser Mill consistente. Em seguida, defenderei uma interpretação do princípio da liberdade e da individualidade, procurando demonstrar que seu utilitarismo é compatível com seu liberalismo.

CAPÍTULO 2

JOHN STUART MILL: UTILITARISMO E LIBERALISMO

2.1 - Introdução

Um longo debate tem ocorrido sobre a relação das obras *Utilitarianism* e *On Liberty* [11], gerando divergências entre os estudiosos de John Stuart Mill[12]. A questão controvertida é se as ideias defendidas por Mill no *Utilitarianism* podem realmente coincidir com aquelas esposadas em *On Liberty*. Na primeira obra Mill parece defender a visão de que devamos sempre "maximizar" a felicidade geral para todas as pessoas; na segunda, por outro lado, sustenta que a sociedade pode interferir na liberdade dos indivíduos somente para prevenir danos a terceiros, ou seja, não deveria haver interferência mesmo quando tal interferência tenha a possibilidade de produzir grandes ganhos globais em felicidade.

Visto desse modo as duas obras parecem ser incompatíveis. Como um utilitarista, pode parecer natural que Mill permita que a sociedade exerça o seu poder sobre o indivíduo, não importando qual justificação possua, para a promoção da felicidade geral, enquanto que seu liberalismo claramente não o permite. Por este motivo, alguns intérpretes de Mill, muitas vezes têm tomado as posições defendidas no *Utilitarianism* e em *On Liberty* como sendo irreconciliáveis[13]. Neste capítulo investigarei essa questão e apontarei como o próprio Mill pensa a relação de seu utilitarismo com seu liberalismo. Defendo, ao final, que Mill poderia permanecer um utilitarista sem precisar abrir mão de seu liberalismo. Isto não se deve ao fato de que os argumentos presentes no *Utilitarianism* e *On Liberty* sejam perfeitamente harmoniosos, mas porque as partes essenciais de *On Liberty* são, em última análise, fundadas em seu utilitarismo. Em primeiro lugar apresentarei as críticas ao pensamento milleano. Em segundo lugar, analisarei o Princípio da Liberdade e o Princípio da Individualidade e como esses princípios se relacionam com o Princípio da Utilidade, ressaltando sua compatibilidade e, ao mesmo tempo, defendendo como o utilitarismo de Mill poderia coincidir com a sua defesa da liberdade individual.

• • • • • • • • • • • •

11   Utilizo, neste texto, as traduções das obras de Mill, *Utilitarianism* e *On Liberty* feitas pela Editora Martins Fontes. Sendo assim, indico o texto original e, em seguida, aponto o correspondente na tradução brasileira. As demais traduções são de minha responsabilidade.

12   É nesse sentido em que afirma Vincent Guillin: "Cette tension entre utilitarisme et libéralisme a été et reste une des croix exégétiques du *scholarship millien*". Cf. Biopolitique, utilitarisme et libéralisme - John Stuart Mill et les Contagious Diseases Acts. In: *Archives de Philosophie*, 73, 2010, 615-629.

13   Cf RILEY, Jonathan. *Routledge Philosophy GuideBook to Mill on Liberty*. London: Routledge, 1998. Capítulo 7: Liberal Utilitarianism.

2.2 - John Stuart Mill e o Princípio da Liberdade

O princípio da liberdade é "simples" e "absoluto" como acreditava John Stuart Mill? Se esta pergunta tiver de ser respondida apenas para se obter uma compreensão e aplicação das definições de "simples" e de "absoluto", então inúmeras respostas serão possíveis. Poderia defender tanto a coerência da doutrina da liberdade de Mill, a sua lógica e sua atualidade, quanto demonstrar a sua incoerência e sua impraticabilidade. Para esclarecer o que acabo de dizer, apresentarei alguns posicionamentos sobre o princípio milleano.

Em 1869 Charles Dupont-White, contemporâneo de Mill e primeiro tradutor de *On Liberty* para o francês, exclama em sua longa introdução ao Ensaio: "à chaque page, constatait-il, l'exception déborde et crève le príncipe"[14]. Obviamente (a exclamação é de fato exagerada), a forma absoluta do princípio – para Dupont-White – não deve aceitar quaisquer exceções[15]. Alguns anos mais tarde, James Fitzjames Stephen publica seu célebre ensaio *Liberty, Equality, Fraternity*, no qual revisita os fundamentos e as implicações do princípio de Mill para denunciar o que ele chama de "incoerências". Desde então, a lista de adversários deste princípio não para de aumentar. Cada um destes intérpretes denuncia o que pensa ser um exagero, uma utopia, uma insuficiência, ou mesmo uma traição por parte de Mill do princípio da utilidade.

S. R. Letwin[16], por exemplo, pensa que o caráter absoluto do princípio da liberdade de Mill diz respeito apenas a uma elite intelectual. Para Henry McCloskey[17], por outro lado, o princípio é um perigo para a democracia e para o funcionamento social. Isto, argumenta McCloskey, deve-se principalmente ao fato de que Mill não mede a complexidade do que chama um princípio "muito simples". Ao aplicar o princípio da liberdade absolutamente a todos os casos, sem qualquer exigência de cultura ou moral, segundo McCloskey, poderia favorecer a disseminação

• • • • • • • • • • • •

14   *De la liberté*. Trad. D. White, Paris: Gallimard, 1869, p. XX. Utilizo, neste texto, as traduções das obras de Mill, *Utilitarianism* e *On Liberty* feitas pela Editora Martins Fontes. Sendo assim, indico o texto original e, em seguida, aponto o correspondente na tradução brasileira. As demais traduções são de minha responsabilidade.

15   Cf. Lettre de Mill à Charles Dupont-White, (Saint-Véran, Avignon, 24 Décembre 1860, In: *The Later Letters*. Op. Cit. Letter n. 478, p. 715.

16   LETWIN, Shirley Robin. *The Pursuit of certainly, David Hume, Jeremy Bentham, John Stuart Mill, Beatrice Webb*. Cambridge: Cambridge University Press, 1965.

17   McCLOSKEY, H.J. "Liberty of Expression, its grounds and limits" In: *Inquiry*, n. 13, 1970.

de ideias perigosas ou fazer com que renasçam falsas doutrinas ou, pior ainda, poder-se-ia ver a multidão seduzida pela retórica de um hábil "advogado do diabo", requerer a votação de leis retrógradas. Maurice Granston[18] partilha desta preocupação com a natureza absoluta do princípio da liberdade. Mas ele insiste, acima de tudo, sobre seu efeito devastador sobre a moral e o consenso social que, ao longo do tempo, mergulharia a sociedade civilizada em uma tenebrosa obscuridade.

Inversamente, no entanto, Maurice Cowling[19] nega o liberalismo de On Liberty e denuncia sua impostura. Segundo ele, o princípio absoluto da liberdade não é outra coisa que um princípio absoluto de tirania disfarçada. Mesmo John Gray[20], que em seu ensaio Mill On Liberty: a defence defendera firmemente a coerência do princípio simples e absoluto da liberdade, mostra-se arrependido por ter defendido este princípio e procura em seu novo ensaio[21] demonstrar as incoerências, as insuficiências e as falhas do princípio da liberdade, de Mill em particular, e do liberalismo em geral.

Também recentemente, Gertrud Himmelfarb[22], a autora da célebre tese dos "dois Mills", retornara a esta questão em seu artigo intitulado "Liberty, 'one very simple prínciple?'"[23]. Contrariamente a John Gray, ela não rejeita nem todo liberalismo nem toda a obra de Mill. Ao contrário, presta homenagem ao seu papel intelectual na luta que mais tarde seria travada contra o totalitarismo do nazismo e do comunismo. No entanto, Himmelfarb estava preocupada que a euforia do fim da guerra fria, "que havia libertado da tirania do comunismo"[24], fizesse os liberais se esquecerem outra grave ameaça que poderia comprometer o futuro de seus ideais. "Agora, escreve Himmelfarb, precisamos enfrentar outro problema: a questão já não é como o liberalismo pode se defender contra

• • • • • • • • • • • •
18   GRANSTON, Maurice. "When we should censure the censors", In: The Times Higher Education Supplement. London: Times Newspapers, 23 September 1977.

19   COWLING, Maurice. Mill and Liberalism. Cambridge: Cambridge University Press, 1963.

20   GRAY, John. Mill on Liberty: a defence. London: Routledge Kegan Paul, 1983.

21   GRAY, John. Liberalisms: essays in political philosophy. London/New York: Routledge, 1983.

22   HIMMELFARB. G. On Liberty and liberalism: The case of John Stuart Mill. New York: Alfred A. Knopf, 1974.

23   HIMMELFARB. G. "Liberty: 'One Very Simple Principle'" In: The American Scholar. Automne 1993, Vol. 62, n. 4.

24   Ibid., p. 531.

o totalitarismo, mas como ele pode defender-se de si mesmo, de suas próprias deficiências e excessos"[25].

Se por "deficiências e excessos" Himmelfarb se refere aos excessos do liberalismo contemporâneo que, como ela diz[26], têm distorcido e exagerado os propósitos de Mill sobre a liberdade individual, seus prognósticos acerca do Estado e dos valores morais, isto pode parecer realmente plausível. Por outro lado, se ela estiver designando a própria fórmula simples e absoluta da natureza do princípio da liberdade de Mill, deveria ter explicitado tal empreendimento, coisa que de forma alguma o fez; sendo assim, acredito que sua crítica seja irrelevante para a compreensão do 'princípio da liberdade'.

O fato de Mill defender a liberdade de expressão e discussão, por que é, em sua opinião, a única forma de assegurar a descoberta da vitalidade da verdade, não faz dele um precursor dos céticos anti-modernos, que duvidam da própria existência da verdade, absoluta ou contingente. Além disso, sua crítica ao dogmatismo tirânico das instituições religiosas e da moral popular não permite que seja qualificado como o responsável pela decadência do sentimento religioso ou da escalada do niilismo moral que parece afetar o mundo contemporâneo.

Já Chin Liew Ten argumenta que Mill é um liberal consistente, mais que um utilitarista, defendendo que "a defesa da liberdade de Mill não é utilitarista"[27]. Ten defende que a defesa da liberdade milleana é "travada nas 'bases mais elevadas' do princípio"[28]. Ou seja, segundo Ten, o princípio da liberdade de Mill deveria estar no mesmo patamar que o princípio da utilidade. Na verdade, a relação entre o utilitarismo e o liberalismo de Mill, envolveria a relação entre o princípio da utilidade e o princípio da liberdade[29].

2.3 – Individualidade, Liberdade e Utilidade: Princípios Compatíveis?

Mill argumenta em sua filosofia moral e política sobre a importância da liberdade e da espontaneidade humana. Seu princípio da individualidade, contrariamente ao princípio do individualismo

• • • • • • • • • • •
25   *Ibid.* p. 531.
26   *Ibid.*, pp. 356-357.
27   TEN, C. L. *Mill on Liberty*. Oxford: Oxford University Press, 1980, p. 6.
28   TEN, C. L. 'Mill's Defense of Liberty,' repr. In: J. Gray and G.W. Smith eds., *J. S. Mill on Liberty in Focus*. London and New York: Routledge, 1991, p. 220.
29   HABIBI, Don. J. S. Mill's revisionist utilitarianism. In: *British Journal for the History of Philosophy*, 1998, 6:1, 89-114.

benthamiano, parece ser teleológico e normativo[30]. Ao afirmar a centralidade da individualidade humana em seu pensamento, Mill não admite sua redução ao simples prazer e dor ou a qualquer outra coisa; ao afirmar a importância do desenvolvimento de si, ele identifica o bem-estar do indivíduo a uma sorte completamente diferente da concepção de felicidade[31] de Bentham, o que o conduziu a conclusões[32] que são muito distintas da geração anterior de utilitaristas.

Há, então, o mérito e não menos que isso, do princípio da individualidade: um meio muito eficaz para reparar as inconsistências do princípio clássico da utilidade.

Embora o capítulo II de *On Liberty* seja onde Mill defende com entusiasmo a liberdade de expressão, e pelo qual é largamente criticado, a maioria dos intérpretes reconhece neste capítulo suas bases liberais. Não é o caso, entretanto, quanto ao capítulo III que trata da liberdade de ação. Algumas citações resumirão o modo como este capítulo é compreendido. Robert Paul Wolff pensa que encontramos imediatamente uma dificuldade que ressurge na obra de Mill: "seus pensamentos mais nobres e que mais os inspiram são quase sempre os menos coerentes com seu declarado utilitarismo"[33].

No mesmo sentido John Plamenatz assevera: "É no terceiro capítulo de *On Liberty*, intitulado 'da individualidade como um dos elementos do bem-estar' que Mill abandona, sem estar consciente, o utilitarismo. Neste capítulo, ele lamenta, em uma linguagem anti-utilitarista, que 'os modos de pensamento habitual não reconhecem quiçá raramente um valor intrínseco ou um mérito específico à espontaneidade individual'"[34]. Já Isaiah Berlin declara que "No centro do pensamento e do

• • • • • • • • • • • •
30   RYAN, Alan. *The Philosophy of John Stuart Mill*. London: Macmillan Press Ltd., 1998, pp.193-194.
31   A discussão da concepção de felicidade pode ser encontrada em sua versão mais detalhada no capítulo II e IV da obra *Utilitarianism*.
32   Uma destas conclusões transformou profundamente a compreensão do princípio da utilidade: "Eu não quero afirmar que a promoção da felicidade deva ser, ela mesma, o fim de todas as ações, ou mesmo de todas as regras de ação. Ela é a justificação, e deve ser o controle de todos os fins, mas não é em si mesma, o único fim". MILL, John Stuart. *The Collected Works of John Stuart Mill*. A System of Logic, Book VI, Chapter xii §8, p. 952.
33   WOLFF, Robert Paul. *The poverty of liberalism*. Boston: Beacon Press, 1968, p. 19.
34   PLAMENATZ, John. *The English Utilitarians*. Oxford: Basil Blackwell, 1966, p. 129.

sentimento de Mill está, não o seu utilitarismo (...) o que está no centro de seu pensamento é a crença apaixonada de que os homens se tornam humanos por sua capacidade de escolha – tanto do bem quanto do mal"[35].

O consenso entre os pesquisadores de Mill parece ser que a defesa da liberdade no capítulo II de *On Liberty* esteja assentada em duas premissas: que a liberdade de ação é necessária para a cultura da individualidade; e que, em seguida, a individualidade é considerada um bem em si, ou seja, qualquer coisa na qual o valor não necessite de nenhuma prova. À primeira vista a segunda premissa parece estar em contradição com o utilitarismo milleano. Entretanto, há um fato inegável: Mill assinala por duas vezes em seu ensaio *On Liberty*, seu engajamento utilitarista.

Em uma passagem célebre de *On Liberty*, na introdução, Mill declara explicitamente que toda conclusão terá a utilidade por fundamento, embora adicione nesta mesma passagem: "Considero a utilidade (...) em seu sentido amplo, a saber, a utilidade fundamentada no interesse permanente do homem como um ser progressivo"[36]. Então, tendo completado sua defesa claramente utilitarista da liberdade de expressão (capítulo II de *On Liberty*), Mill inicia o terceiro capítulo querendo saber se as mesmas razões a favor desta liberdade também justificam a liberdade de ação[37]. O modo como Mill inicia o terceiro capítulo é muito significativo. Isto sugere que, no presente capítulo, Mill não pretende expor os argumentos que são mais utilitaristas que aqueles do segundo capítulo. É importante ter isto em mente antes de aceitar ou rejeitar a ideia de incoerência do capítulo II com o princípio utilitarista, e examinar os argumentos que lhe dão suporte.

Como exemplo da alegada distância inconsciente que Mill possuiria do ideal utilitarista, Plamenatz[38] cita uma passagem na qual Mill se queixa do fato da espontaneidade individual não ser percebida como sendo um valor intrínseco. O texto a que Plamenatz se refere é: "(...) o mal está na dificuldade dos modos comuns do pensamento em reconhecer que a espontaneidade individual possua um valor intrínseco, ou que

• • • • • • • • • • •
35   BERLIN, Isaiah. *John Stuart Mill and the ends of life*. In: Four essays on liberty. Oxford: Oxford University Press, 1969, p. 192.
36   MILL. *On Liberty*. p. 14 [trad. bras. p. 19]. Há inúmeros trabalhos que procuram interpretar o pensamento de Mill como *perfeccionista*, com destaque para a obra de David O. Brink, Mill's Progressive Principles, Oxford: Oxford University Press, 2013.
37   MILL. *On Liberty*. p. 56 [trad. bras. p. 85].
38   PLAMENATZ, John. *The English Utilitarians*. Oxford: Basil Blackwell, 1966, pp. 130-135.

mereça qualquer atenção por si mesma"[39]. Para Plamenatz, Mill não poderia ser coerente por conceder um valor intrínseco à espontaneidade individual, ao manter somente a felicidade como desejável.

Todavia, sobre este ponto Mill se pronunciará no capítulo IV do *Utilitarianism*, na passagem em que demonstra por que um utilitarista pode desejar a virtude[40] ao considerá-la como pertencente à felicidade.

> O princípio da utilidade não significa que um certo prazer, tal como o da música, ou determinada ausência de dor, como, por exemplo, a saúde, devam ser considerados como meios para alcançar algo coletivo denominado felicidade, e ser desejados por essa razão. São desejados e desejáveis neles e por si mesmos; além de meios, são também uma parte do fim. De acordo com a doutrina utilitarista, a virtude não é naturalmente e originalmente parte do fim, mas pode vir a sê-lo; entre os que amam de modo desinteressado isso acontece, e é desejada e acalentada por eles, não como um meio para a felicidade, mas como parte de sua felicidade[41].

Para Mill, embora a virtude seja originalmente desejável por sua associação com o prazer e ausência de dor, aqueles que podem perceber a intimidade da associação terminarão por observar a virtude como promotora em si do prazer[42].

••••••••••••

39   MILL. *On Liberty*. p. 57 [trad. bras. p. 87].

40   A virtude, como exemplo perfeito de um importante ingrediente (e, ao mesmo tempo, instrumento) da felicidade, parece ser o melhor meio para boas escolhas e ações, sendo o caso em que o agente moral procura ser virtuoso por meio do hábito e da educação do caráter. Cf. HOMIAK, Marcia, 'Moral Character', *The Stanford Encyclopedia of Philosophy (Spring 2011 Edition)*, Edward N. Zalta (ed.), <http://plato.stanford.edu/archives/spr2011/entries/moral-character/>. Acessado em: 11/09/2012.

41   MILL. *Utilitarianism*. pp. 82-83 [trad. bras. p. 233].

42   Mill generaliza a noção de prazer para algo diferente do que meros sentimentos agradáveis e sensações de qualquer tipo. Em outras palavras, Mill tem uma noção agregadora de felicidade (um agregado de uma variedade de bens) e não um mero agregado de prazeres. Alguns desses bens, como o prazer, são naturais e universais; outros, como a virtude, requerem cultivo. Cf. HOAG, R. 'Mill's Conception of Happiness as an Inclusive End'. In: *Journal of the History of Philosophy*. 25 (1987), pp.417-431

Que Mill se queixe do fato de que os homens não concedam um valor em si à espontaneidade individual é, então, compatível com a tese que observa o prazer e a ausência de dor como a única e última coisa desejável.

Para John Gray[43], um intérprete e crítico indispensável do pensamento milleano, o princípio da utilidade não deve ser considerado um princípio moral, do qual possa ser derivado um sentido direto no julgamento sobre as ações corretas, mas um princípio axiológico[44] que especifica ser a felicidade um bem intrínseco e, embora o princípio da utilidade não tenha uma influência direta sobre a ação ou a conduta, fornece razões pró e contra algum curso de ação em toda área da vida prática, não podendo decidir sozinho o certo e o errado das ações. O princípio da liberdade, por outro lado, é um princípio da moralidade que possui importantes implicações para a correção e justiça de atos e regras.

Se a interpretação de Gray estiver correta, o problema da compatibilidade entre os princípios utilidade/liberdade estaria solucionado. É neste sentido que Maria Cecília Maringoni de Carvalho se pronuncia, ao afirmar que não haveria

> (...) inconsistência entre o Princípio de Utilidade e o Princípio de Liberdade, uma vez que o Princípio de Utilidade é um enunciado de natureza axiológica, enquanto que o de Liberdade é de natureza normativa. Um princípio axiológico se limita a estabelecer o que possui bondade intrínseca, sem que dele se derivem diretamente juízos sobre o dever. Somente princípios normativos implicam prescrições sobre o que deve ser feito (...) em contraste com o axioma utilitário, o Princípio de Liberdade ou do Dano possui caráter normativo; admitida a heterogeneidade entre os dois princípios, estaria excluída a possibilidade de uma relação lógica de incompatibilidade entre ambos[45].

---

43   GRAY, John. *Mill on Liberty: A Defence*. pp. 11-12.
44   Analisarei a interpretação de John Gray no capítulo 4: Mill e o Utilitarismo Indireto.
45   CARVALHO, Maria Cecília Maringoni de. Utilidade e liberdade na obra de John Stuart Mill. In: *Reflexão*, Campinas, n° 74, p. 15, maio/junho/1999.

Uma vez tendo ressaltado a compatibilidade entre liberdade e utilidade, podemos igualmente defender a compatibilidade entre Individualidade e Utilidade? Vejamos.

Não é em referência exclusiva ao célebre capítulo III de *On Liberty* (sobre a Individualidade) que pode ser observada a transição das ideias de Mill, de um benthamismo ortodoxo para um tipo de ideal de autodesenvolvimento. Esta impressão torna-se mais forte ao se analisar o capítulo II de *Utilitarianism*. Neste capítulo Mill procura ampliar as vantagens de sua versão utilitarista ao distinguir *prazeres elevados* e *prazeres inferiores*. Entre os importantes acréscimos de Mill ao benthamismo, este é um dos aspectos que tiveram maior impacto sobre o seu pensamento. Mill introduz sua famosa distinção ao criticar a noção de satisfação associada ao prazer. Bentham não admite que exista uma diferença qualitativa como a que existe, segundo Mill, entre os prazeres elevados e os prazeres efêmeros. Por que, caso admitisse, seu cálculo hedonístico seria completamente irrelevante, enquanto que para Mill, podemos dizer que alguns prazeres são superiores a outros, o que não significa que esta posição esteja isenta de problemas.

Mill defende dois pontos essenciais em sua análise da felicidade/ prazer. O primeiro é que não se deve "(...) confundir duas ideias bastante diferentes, a saber, de felicidade e de contentamento"[46]. O segundo é que a felicidade inclui um "(...) senso de dignidade, que todos os seres humanos possuem sob uma forma ou outra, e que (...) [corresponde] (...) a suas faculdades superiores"[47]; e que Mill define como o "(...) amor à liberdade e à independência pessoal (...) [e] amor pelo arrebatamento"[48]. Assim, para Mil, para que os homens sejam felizes, devem dar grande valor "(...) aos prazeres intelectuais, aos prazeres da sensibilidade, da imaginação e dos sentimentos morais (...)"[49]. "Os seres humanos, escreve Mill, possuem faculdades mais elevadas do que os apetites animais, e uma vez que tomam consciência delas não consideram como felicidade algo que não as satisfaça"[50]. Uma pessoa cujos prazeres são limitados aos apetites físicos pode estar mais satisfeita do que uma pessoa que valoriza prazeres elevados, mas jamais será uma pessoa feliz, segundo Mill. Inversamente, uma pessoa capaz de apreciar prazeres de qualidades superiores,

46   MILL. *Utilitarianism*. p. 57 [trad. bras. p. 191].
47   MILL. *Utilitarianism*. p. 57 [trad. bras. pp. 190-191].
48   MILL. *Utilitarianism*. p. 57 [trad. bras. p. 190].
49   MILL. *Utilitarianism*. p. 56 [trad. bras. p. 188].
50   MILL. *Utilitarianism*. p. 56 [trad. bras. p. 188].

não estará necessariamente satisfeita como o homem ordinário, mas, sem dúvida, será mais feliz[51].

Esta preferência qualitativa dos prazeres elevados, no *Utilitarianism*, parece ser a base para todos aqueles que acusam o pensamento de Mill de incoerente. Parece evidente que ao introduzir as diferenças entre prazeres intelectuais elevados e prazeres corporais, Mill se dissocia do hedonismo de Bentham e James Mill. Estes, por sua vez, associam a felicidade em geral com o prazer, e o prazer com a satisfação de uma cadeia de desejos. Quanto aos prazeres inferiores, Mill acredita que produzam um *maximum* de satisfação, mas não de felicidade. Esta seria acessível apenas através das experiências de prazeres intelectuais. Mas, se admitirmos isso, como podemos apoiar a compatibilidade da distinção, que Mill opera entre prazeres quantitativos e prazeres qualitativos com o princípio de *Utilitarianism*?[52] Se a *utilidade* for aceita no sentido que lhe atribuiu Bentham, de que o prazer é a única coisa desejável como fim, a distinção qualitativa entre prazeres superiores e inferiores significaria um abandono deste princípio. Reconhecendo que os prazeres de qualidade elevada são intrinsecamente superiores, mesmo que se produza uma menor satisfação, Mill introduz um critério de avaliação adicional ao qual a satisfação deve se referir.

Poderíamos avançar na análise que Mill realiza e afirmar que o homem é, então, feliz, se faz a experiência de um *maximum* de prazeres elevados. Assim, afirma-se que alguém é feliz se realiza os desejos que julga importante.Mas, quando Mill diz que o homem não pode ser feliz sem ter a experiência do prazer intelectual, parece estar se distanciando da concepção hedonista de prazer e substituindo-a por uma concepção eudemonista[53].

• • • • • • • • • • •

51   Cf. MILL. *Utilitarianism*. p. 57 [trad. bras. p. 190]. A concepção milleana de felicidade é algo mais que a sensação prazerosa, envolvendo o uso ativo daquelas faculdades que mais propícias para "dignidade" humana, isto é, que envolvem o exercício e o desenvolvimento das faculdades elevadas, que são distintivamente e apropriadamente, faculdades humanas.

52   Cf. MILL. *Utilitarianism*. p. 56 [trad. bras. p. 189].

53   Esta aproximação por parte de Mill do eudemonismo aristotélico é sugerida por Roger CRISP em *Mill on Utilitarianism*. Londres, Nova York: Routledge, 2004 e na Introdução à tradução de *Utilitarianism*. Oxford: Oxford University Press, 2004. Segundo Kreider, apesar de utilizar uma linguagem tipicamente hedonista, Mill teria rejeitado o hedonismo em favor de uma concepção eudemonista de felicidade. Neste sentido, Mill estaria mais próximo de Aristóteles do que de Bentham. Isso não significaria que Mill endossa a concepção aristotélica de felicidade, tendo, ao menos, uma diferença significativa. Segundo Kreider, esta diferença residiria no fato de que

E, sendo Mill consciente das consequências de sua concepção de felicidade no *Utilitarianism*, é também evidente que a sua distinção qualitativa entre os prazeres gira em torno de sua concepção de homem, delineados no primeiro ensaio crítico sobre as incoerências das teses de Bentham sobre a natureza humana. Mill, é verdade, jamais abandonará formalmente a visão que considera os prazeres como o único critério de moralidade. No entanto, pode-se dizer que sua visão se refere a uma concepção de homem altamente distintiva e de sua característica superioridade, que é o real fundamento da vida feliz.

2.4 – Uma análise d'O Princípio da Liberdade

Analisarei neste momento os principais argumentos desenvolvidos por Mill na defesa do Princípio da Liberdade. *On Liberty* tem sido geralmente considerado um dos clássicos do liberalismo, que sinceramente defende a importância da liberdade individual. No primeiro capítulo de *On Liberty*, Mill afirma que quer focar sua atenção na "Liberdade Civil, ou social"[54]. Seu propósito neste ensaio é "sustentar um princípio bastante simples, capaz de governar absolutamente as relações da sociedade com o indivíduo no que diz respeito à compulsão e ao controle, quer os meios empregados sejam os da força física sob a forma de penalidades legais, quer a coerção moral da opinião pública"[55]. A este respeito Mill busca tratar exclusivamente sobre os assuntos práticos. O *'princípio muito simples'*, de que fala Mill, é o Princípio da Liberdade:

> Esse princípio é o de que a autoproteção constitui a única finalidade pela qual se garante à humanidade, individual ou coletivamente, interferir na liberdade de ação de qualquer um. O único propósito de se exercer legitimamente o poder sobre qualquer membro de uma comunidade civilizada, contra a sua vontade, é evitar dano aos demais. Seu próprio bem, físico ou moral, não é garantia suficiente[56].

Mill daria maior importância ao exercício de deliberação moral que outro tipo de raciocínio, dando maior destaque para o raciocínio prático do que para a razão teórica [cf. KREIDER, S. Evan. 'Mill on Happiness'. In: *Philosophical Papers*. Vol. 39, No. 1 (March 2010): 53-68]

54   MILL. *On Liberty*. p. 5 [trad. bras. p. 5].
55   *On Liberty*. p. 13 [trad. bras. p. 17].
56   *On Liberty*. p. 13. [trad. bras. p. 17].

Em outras palavras, a sociedade pode interferir na liberdade de qualquer indivíduo tão somente para evitar danos a terceiros (*harm to others*), mas não pode fazê-lo sob o fundamento de que seja para o bem dessa pessoa; ou seja, a justificação paternalista é aqui descartada[57]. Da mesma forma, desde que a pessoa não cause danos a terceiros, sua liberdade deve ser garantida. Isto é verdadeiro mesmo no caso em que tais interferências pudessem produzir grandes ganhos globais em felicidade. Apesar da aparente tensão entre seu utilitarismo e liberalismo, Mill deixa claro que seus argumentos para a liberdade individual são, em última análise, dependentes do princípio da utilidade.

> É oportuno declarar que renuncio a qualquer vantagem que se pudesse obter da ideia de direito abstrato como independente da utilidade. Considero a utilidade como a solução última de todas as questões éticas, devendo-se empregá-la, porém, em seu sentido amplo, a saber, a utilidade fundamentada nos interesses permanentes do homem como um ser de progresso[58].

Assim, é natural supor que a defesa de Mill da liberdade individual seja fundada em seu utilitarismo[59].

A questão, então, a ser feita aqui seria: de que forma o princípio da liberdade pode promover a felicidade geral? Por um lado, Mill sugere que observando as regras morais, em geral, é provável que seja possível, a longo prazo. Cabe lembrar que no *Utilitarianism* Mill parece considerar o Princípio da Liberdade como uma regra moral:

> As regras morais que proíbem aos homens prejudicarem-se uns aos outros (e nas quais nunca devemos deixar de incluir a interferência injusta na liberdade de outro) são mais vitais para o bem-estar humano do que quaisquer outras máximas que, por mais importantes que sejam, apenas indicam a melhor maneira de administrar determinado setor dos assuntos humanos[60].

• • • • • • • • • • • •
57   Cf. SIMÕES, Mauro Cardoso. *Paternalism and antipaternalism.* In: *Ethic@ - Revista Internacional de Filosofia Moral.* UFSC, 2011.
58   MILL. *On Liberty.* p. 14 [trad. bras. p. 19].
59   CRISP, Roger. *Routledge Guide Book on Mill's on Utilitarianism.* Oxford: Oxford University Press, 2006.
60   MILL. *Utilitarianism.* p. 103 [trad. bras. p. 269].

Quando Mill procura especificar o significado de "utilidade", ele ressalta que de acordo com o uso do termo prevaleceu o sentido de 'expedient', não significando nada mais que algo conveniente para o próprio indivíduo agente: 'Quando designa algo melhor do que isso, indica o que é conveniente para um objetivo imediato, uma finalidade temporária, mas que viola uma regra cuja observância convém num grau muito mais elevado'[61].

Mill então conclui que 'O Conveniente, neste sentido, longe de ser idêntico ao útil, é uma variação do prejudicial'[62].

É no sentido de *expediency* que Mill está usando, aqui, o termo "utilidade". Neste sentido Mill adere à sua crença a noção de que a proteção da liberdade individual acabaria por resultar na promoção da felicidade geral em uma sociedade civilizada. Por conta disso, ele sublinha a adoção do Princípio da Liberdade, cujo objetivo é impedir que a liberdade de cada pessoa seja excessivamente reprimida pela sociedade.

Explicarei este último ponto. É amplamente reconhecido que *On Liberty* pretende erguer uma barreira contra a tirania da opinião da maioria ou o "as preferências e aversões da sociedade"[63] sobre as minorias em uma sociedade civilizada. Para alcançar este objetivo Mill afirma que há "uma esfera de ação sobre a qual a sociedade, em contraposição ao indivíduo, somente possui um interesse indireto, se é que o possui"[64]. E essa esfera de ação inclui a "liberdade de consciência" - como liberdade de pensamento, sentimento e opinião -, "liberdade de gostos e atividades" - como forjar seu plano de vida para satisfazer seu próprio caráter – e, "liberdade de se reunir" sem que isso envolva danos a terceiros. Mill fornece, assim, as razões para se defender a liberdade de consciência, embora admita que expressando uma opinião, estritamente falando, poderíamos tender para ações que recaiam sobre terceiros. Elas adquirem, mais ou menos, a seguinte forma: uma vez que somos capazes de cometer um erro, uma opinião compelida ao silêncio pode revelar-se verdadeira, até mesmo a opinião silenciada pode ter uma parcela de verdade, mesmo quando há uma opinião bem-recebida, sua verdade não poderia ser aceita sem ser constantemente discutida; E, finalmente, se não fosse fruto da livre discussão, a opinião deixaria de ter o seu efeito significativo sobre o nosso caráter e ação[65].

• • • • • • • • • • • • •
61   *Utilitarianism*. pp. 68-69 [trad. bras. p. 210].
62   *Utilitarianism*. p. 69 [trad. bras. p. 210].
63   MILL. *On Liberty*. p. 10 [trad. bras. p. 14]
64   *On Liberty*. p. 15 [trad. bras. p. 21]
65   *On Liberty*. pp. 20-21. [trad. bras. pp. 29-30]

No que diz respeito à liberdade de gostos e atividades, Mill acredita que o cultivo da individualidade é indispensável ao ser humano como um ser progressivo. Precisamos de liberdade, argumenta Mill, para que possamos desenvolver a nossa própria individualidade:

> Assim como é útil que, enquanto a humanidade for imperfeita, existam diferentes opiniões, também o é que existam diferentes experimentos de vivência; que se confiram às variedades de caráter livres esferas de ação, exceto quando houver prejuízo a terceiros; e que o valor dos distintos modos de vida seja comprovado na prática, quando qualquer um julgar conveniente testá-los. Em suma, é desejável que, nas coisas que não dizem respeito primeiramente a outros, faça-se valer a individualidade[66].

Esta passagem indica que Mill parece considerar a individualidade como única, tendo uma natureza e uma vida em si mesma. De acordo com Mill, uma pessoa tem uma natureza quando tem desejos e impulsos próprios, e quando os expressa por si mesmo[67]. Além disso, a individualidade envolve a realização de escolhas ao nosso próprio modo: "As faculdades humanas da percepção, do juízo, do discernimento, da atividade mental e até mesmo da preferência moral exercem-se apenas quando se faz uma escolha" e "se alguém possui uma quantidade tolerável de senso comum e experiência, seu modo próprio de dispor de sua existência é o melhor, não porque seja em si mesmo o melhor, mas porque é o seu modo próprio"[68]. Neste sentido, Mill acredita que, assim como cada indivíduo possui características distintas, deve haver *diversidade*[69] em seus modos de vida. Se não, "nem conseguirão sua justa porção de felicidade, nem se elevarão à estatura mental, moral e estética de que é capaz sua natureza"[70]. Além disso, Mill prossegue sugerindo que pessoas bem desenvolvidas podem ter um efeito positivo sobre os outros que ainda não conseguiram cultivar sua própria individualidade, e que a liberdade pessoal e diversidade de situações são as fontes do progresso individual e social[71].

• • • • • • • • • • • •

66   *On Liberty*. p.57 [trad. bras. p. 86]
67   *On Liberty*. p. 60. [trad. bras. p. 92]
68   *On Liberty*. p. 59 e 67 [trad. bras. pp. 89 e 103]
69   Cf. Bhikhu Parekh. *Repensando el multiculturalismo*. Madrid: Istmo, 2005. Apesar das críticas ao liberalismo milleano, Parekh reconhece em Mill uma defesa singular da noção de *diversidade*.
70   *On Liberty*. p. 68 [trad. bras. p. 104]
71   *On Liberty*. p. 56-60 [trad. bras. p. 85-92]

Neste ponto pode-se pensar que a maioria destes argumentos não são diretamente derivados do princípio da utilidade. É verdade que estes, afinal, dependem das observações do próprio Mill sobre a natureza humana, mas em última análise, a sua visão básica é que o desenvolvimento da individualidade é "um dos principais ingredientes da felicidade humana (...) o ingrediente central do progresso individual e social"[72].

Sob este prisma sua defesa da liberdade conecta-se ao seu conceito de felicidade. Creio ser plausível sua ênfase no cultivo da individualidade pois, ainda que a maioria das pessoas nas sociedades democráticas possivelmente se sinta infeliz, ainda assim possuem as oportunidades de desenvolver seu próprio caráter e sua própria vida. E a principal preocupação de Mill é que as pessoas, (ele principalmente diz das pessoas na sociedade inglesa de seu tempo), não percebem isso tão profundamente quanto ele. Por estas razões, Mill compromete-se a defender a adoção do princípio da liberdade, que, se aprovado, permitiria aos indivíduos o exercício de suas experiências de vida e o cultivo de suas próprias individualidades que podem levar, eventualmente, à promoção da felicidade geral.

Quanto ao princípio da liberdade, Mill defende que 'deve ser aplicado apenas a pessoas na maturidade de suas faculdades', ou seja, para Mill, a aplicação do princípio da liberdade é limitada a determinadas condições de seres humanos e sociedade[73]. Além disso, Mill evidencia que o dano a terceiros ou o prejuízo a interesses de terceiros, é condição necessária para justificar a interferência social: "(...) não se deve supor de maneira nenhuma que, se o dano ou a probabilidade de dano justificam por si sós a interferência da sociedade, então sempre a justificam". Assim, segundo Mill, "(...) em geral se admite que é melhor ao interesse comum da humanidade os homens perseguirem seus objetivos sem que os detenha essa espécie de consequência"[74]. Assim, podemos reiterar que os argumentos de Mill para o princípio da liberdade estão fundamentados em seu utilitarismo. Neste sentido, uma soma maior de felicidade/ utilidade pode ser alcançada em uma ordem social restringida pelo anti-paternalismo, realidade na qual o exercício da autoridade ocorre sem constrangimentos, e tenderia a promover a utilidade. O utilitarismo de Mill, portanto, protegeria os interesses vitais dos indivíduos como condições mínimas para a promoção da felicidade, desaprovando a promoção do bem-estar por intermédio da limitação da liberdade individual.

• • • • • • • • • • • •

72   *On Liberty*. p. 57. [trad. bras. p.87]
73   Cf. SCARRE, Geoffrey. *Mill's On Liberty*. London: Continuum, 2007, pp. 60-83.
74   *On Liberty*. p. 95. [trad. bras. p.144]

Sendo assim, se minha interpretação for considerada plausível, Mill permaneceria sendo um utilitarista e sua defesa da liberdade seria compatível com o seu utilitarismo.

Referências:

BERLIN, Isaiah. John Stuart Mill and the ends of life. In: *Four essays on liberty*. Oxford: Oxford University Press, 1969.

BRINK, David O. Mill's Progressive Principles, Oxford: Oxford University Press, 2013.

CARVALHO, Maria Cecília Maringoni de. *Utilidade e liberdade na obra de John Stuart Mill*. In: Reflexão, Campinas, nº 74, maio/junho/1999.

COWLING, Maurice. *Mill and Liberalism*. Cambridge: Cambridge University Press, 1963.

CRISP, Roger. *Mill on Utilitarianism*. Londres, Nova York: Routledge, 2004.

CRISP, Roger. *Routledge Guide Book on Mill's on Utilitarianism*. Oxford: Oxford University Press, 2006.

GRANSTON, Maurice. "When we should censure the censors", In: *The Times Higher Education Supplement*. London: Times Newspapers, 23 September 1977.

GUILLIN,Vincent "Cette tension entre utilitarisme et libéralisme a été et reste une des croix exégétiques du *scholarship* millien". Cf. Biopolitique,

utilitarisme et libéralisme - John Stuart Mill et les Contagious Diseases Acts. In: *Archives de Philosophie*, 73, 2010, 615-629

GRAY, John. *Mill on Liberty: a defence*. London: Routledge Kegan Paul, 1983.

___. *Liberalisms: essays in political philosophy*. London/New York: Routledge, 1983.

HABIBI, Don. J. S. Mill's revisionist utilitarianism. In: *British Journal for the History of Philosophy*, 1998, 6:1, 89-114.

HIMMELFARB. G. *On Liberty and liberalism: The case of John Stuart Mill*. New York: Alfred A. Knopf, 1974.

___ "Liberty: 'One Very Simple Principle'" In: The American Scholar. Automne 1993, Vol. 62, n. 4.

HOAG, R. 'Mill's Conception of Happiness as an Inclusive End'. In: *Journal of the History of Philosophy*. 25 (1987): 417-431.

KREIDER, S. Evan. 'Mill on Happiness'. In: *Philosophical Papers*. Vol. 39, No. 1 (March 2010): 53-68.

LETWIN, Shirley Robin. *The Pursuit of certainly, David Hume, Jeremy Bentham, John Stuart Mill, Beatrice Webb*. Cambridge: Cambridge University Press, 1965.

McCLOSKEY, H. J. 'Liberty of Expression, its grounds and limits' In: *Inquiry*, n. 13, 1970.

MILL, John Stuart. *On Liberty*. Cambridge Texts in the History of Political Thought: Cambridge University Press, 2005.

___. *De la liberté*. Trad. D. White, Paris: Gallimard, 1869.

___. *Utilitarianism*. Edited by Roger Crisp. Oxford: Oxford University Press, 2004.

___. Lettre de Mill à Charles Dupont-White, (Saint-Véran, Avignon, 24 December 1860, In: *The Later Letters*. Letter n. 478. *Collected Works of John Stuart Mill*. Toronto: Toronto University Press, 1972.

___. *A Liberdade/Utilitarismo*. São Paulo: Martins Fontes, 2000.

___. *A System of Logic*. Book VI, Chapter xii §8. Ed. J.M. Robson. *Collected Works of John Stuart Mill*. Toronto: Toronto University Press, 1969.

PAREKH, Bhikhu. *Repensando el multiculturalismo*. Madrid: Istmo, 2005.
PLAMENATZ, John. *The English Utilitarians*. Oxford: Basil Blackwell, 1966.

RILEY, Jonathan. *Routledge Philosophy GuideBook to Mill on Liberty*. London: Routledge, 1998.

RYAN, Alan. *The Philosophy of John Stuart Mill*. London: Macmillan Press Ltd., 1998.

SCARRE, Geoffrey. *Mill´s On Liberty*. London: Continuum, 2007.

SIMÕES, Mauro Cardoso. Paternalism and antipaternalism. In: *Ethic@ - Revista Internacional de Filosofia Moral*. UFSC, 2011.

TEN, C. L. *Mill on Liberty*. Oxford: Oxford University Press. 1980.

___. 'Mill's Defense of Liberty,' repr. In: J. Gray and G.W. Smith eds., *J. S. Mill on Liberty in Focus*. London and New York: Routledge. 1991.

WOLFF, Robert Paul. *The poverty of liberalism*. Boston: Beacon Press, 1968.

CAPÍTULO 3

JOHN STUART MILL E O UTILITARISMO

Quero expressar os meus agradecimentos pelas preciosas avaliações, contribuições e sugestões de Maria Cecília Maringoni de Carvalho e José Manuel Bermudo à versão anterior deste texto.

O meu objetivo neste capítulo[75] é mostrar que a interpretação de Mill como um utilitarista de regras está, infalivelmente, eivada de problemas e que é inconsistente com a posição de Mill no capítulo IV d'*A System of Logic*. Em seguida procurarei analisar uma tentativa de solucionar os problemas desta interpretação, considerando o princípio da utilidade como um princípio axiológico, uma vez que esta interpretação leva em consideração a '*Art of Life*'. Argumentarei, no entanto, que Mill considera o princípio da utilidade um princípio moral, e não um princípio axiológico.

3.1 - Seria Mill um utilitarista de regras[76]?

Uma imensa quantidade de textos têm sido produzidos procurando analisar se Mill é um utilitarista de atos ou um utilitarista de regras[77].

• • • • • • • • • • • •

75   Este capítulo está pensado em duas partes: a primeira parte visa apresentar e analisar se Mill poderia ser considerado um 1ZNDvtLXaV3xsNSSwR2Ffh6ANL2RvvYyntarista de regras; além disso, investigo se o princípio da utilidade pode atuar como um princípio axiológico. A segunda parte, desenvolvida no capítulo seguinte, considerará a posição que afirma ser Mill o defensor de um 'utilitarismo indireto', e o papel dos princípios secundários em seu utilitarismo, posicionando-me acerca das consequências desta teoria para a Filosofia Moral de Mill.

76   Uma lista extensa de defensores, tanto de Mill como um utilitarista de regras, quanto esposando um utilitarismo de atos, encontra-se no capítulo IV obra de Henry West, *An introduction to Mill's Utilitarian Ethics*. Cambridge: Cambridge University Press, 2004. Neste capítulo, West procura apaziguar as disputas teóricas em torno da questão que aqui analiso, afirmando que 'a visão de Mill não é nem uma forma pura de utilitarismo de atos, nem uma forma pura de utilitarismo de regras, mas possui elementos convergentes de ambos'. West admite em nota que mudara a interpretação que antes defendera, a saber, que Mill professara um utilitarismo de atos. Cf. p. 84, nota 23, da obra citada. De qualquer modo, esta interpretação me parece bastante promissora para a compreensão do utilitarismo de Mill. Esta visão híbrida, que funde regras e atos é, também, defendida por: DRYER, D. P. 'Mill's Utilitarianism'. *Collected Works of John Stuart Mill*. vol. X, ed. J. M. Robson, Toronto: Toronto University Press, 1969, pp. lxiii–cxiii; COPP, David. 'The Iterated-Utilitarianism of J. S. Mill'. New Essays on John Stuart Mill and Utilitarianism ,Canadian Journal of Philosophy Supplementary Volume V, 1979, pp. 75–98.; HOAG, Robert W, 'Mill on Conflicting Moral Obligations', *Analysis* 43, 1983, pp. 49–54.

77   O primeiro a introduzir esta discussão na literatura filosófica sobre Mill foi J. O. Urmson, em seu texto "The interpretation of the Moral Philosophy of J.S.Mill" *Philosophical Quarterly* 3 (1953), pp. 33-39. [Reprinted in *Mill's Utilitarianism: Critical Essays*. Ed. David Lyons. (Boston: Rowman & Littlefield Publishers, Inc.,

Um texto sobre a teoria moral de Mill pode ser considerado incompleto se não se discutir as diferenças entre o utilitarismo de atos e o utilitarismo de regras. Estes textos, no entanto, podem dar a impressão que Mill advoga, já em seu tempo, uma dessas duas versões atuais do utilitarismo. Há que se recordar que essa discussão acerca do utilitarismo procura investigar o alcance do próprio utilitarismo como uma teoria da moralidade que se dedica a determinar o padrão moral das ações.

Considerando que Mill tenha sustentado que a maximização da utilidade e a proteção das decisões individuais como valores fundamentais são compatíveis, suporei que Mill vislumbre algum mecanismo para conciliar os dois valores. A mais antiga interpretação de tal mecanismo foi o utilitarismo de regras[78]. J.O.Urmson foi o pioneiro na defesa desta interpretação em seu famoso ensaio[79]. Analisarei, inicialmente, esta possibilidade de interpretarmos Mill como um utilitarista de regras.

O ponto central da interpretação de Urmson reside nas quatro principais características do pretenso utilitarismo de regras milleano, das quais apenas duas servem para os meus propósitos.

Urmson afirma que[80]:

A - Uma ação particular está justificada como sendo correta quando está de acordo com alguma regra moral. Mostra-se errada quando transgride alguma regra moral.

B – Uma regra moral está correta quando o seu reconhecimento promove o fim último.

1997), pp. 1-8]. Desde este texto, ainda que não utilize a terminologia 'utilitarismo de regras', Urmson passou a ser considerado o inspirador desta interpretação. Analisarei neste capítulo a posição de Urmson e quão insatisfatória tal interpretação pode ser considerada. Na outra frente está Alan Ryan, quem primeiramente introduziu a discussão da *Art of Life* (presente em *A System of Logic*) no quadro da reflexão sobre o pensamento moral de Mill. Esta interpretação é conhecida atualmente como *revisionista*.

78   O termo *utilitarismo de regras* foi concebido em 1959 por Richard Brandt, na obra *Ethical Theory: The Problems of Normative and Critical Ethics*, Englewood Cliffs, NJ: Prentice-Hall, 1959, ainda que J.J. Smart tenha se referido a essa visão como um "restricted utilitarianism".

79   URMSON, J. O. "The Interpretation of the Moral Philosophy of J.S. Mill." *Philosophical Quarterly* 3 (1953), pp. 33-39. [Reprinted in *Mill's Utilitarianism: Critical Essays*. Ed. David Lyons. (Boston: Rowman & Littlefield Publishers, Inc., 1997), pp. 1-8].

80   *Ibid.*, p. 3.

A proposição B não está sujeita a nenhuma controvérsia, pois qualquer utilitarista confortavelmente admitiria que se há regras morais, tais regras devem ser fundamentadas na utilidade. A proposição A, por outro lado, é o cerne do utilitarismo de regras, uma vez que a afirmação aqui é que as ações são corretas somente se elas correspondem a uma regra moral baseada na utilidade. Urmson, no entanto, não fornece suporte textual para a proposição A. Urmson aponta para as distinções feitas por Mill entre princípios morais primários e secundários. O princípio básico é o princípio da utilidade. Princípios secundários ou, como os chama Urmson, regras morais, são preceitos como "manter promessas", "não matar" e "não mentir"[81]. Ao discutir a interação entre princípios primários e secundários, Mill afirma que

> (...) uma coisa é considerar que as regras da moralidade admitem avanços; outra é negligenciar inteiramente as generalizações intermediárias, e empenhar-se em avaliar cada ação individual reportando-se ao primeiro princípio. É uma noção estranha a de que o reconhecimento de um primeiro princípio seja incompatível com a aceitação de princípios secundários[82].

Mill acrescenta, em seguida, que:

> Devemos nos lembrar que apenas nesses casos de conflito entre princípios secundários é necessário apelar para os primeiros princípios. Não há nenhum caso de obrigação moral em que não estejam envolvidos alguns princípios secundários; e, se somente um está envolvido, raramente é possível que haja, no espírito de uma pessoa que admite o princípio em questão, dúvidas a respeito de qual seja[83].

Urmson interpreta estas passagens dizendo que Mill não vê regras morais (princípios secundários) como simples *regras de polegar*, mas que Mill as considera como essenciais para o raciocínio moral.

Assim, "a relevância de uma regra moral é o critério para sabermos se estamos lidando com um caso do certo ou do errado (...)"[84].

● ● ● ● ● ● ● ● ● ● ● ●

81   *Ibid.*, p. 4.
82   MILL. *Utilitarianism*. Edited by Roger Crisp. Oxford: Oxford University Press, 2004, p. 70. [trad. bras. p. 212].
83   *Ibid.*, p. 72. [trad. bras. p. 215].
84   URMSON. p. 4.

Ou seja, Mill, segundo Urmson, apela somente a regras secundárias que sejam adequadas para determinar o certo e o errado.

Urmson constrói seu raciocínio fazendo uso da distinção milleana entre ações que podem ser classificadas como erradas e aquelas que não conseguem maximizar a utilidade. Urmson aduz a seguinte passagem de Mill no *Utilitarianism* que "Jamais qualificamos uma ação de maléfica, sem que queiramos indicar que a pessoa deve ser de uma maneira ou outra punida por praticá-la"[85]. Desde que consideremos intuitivamente que a punição possa ser associada com a violação de regras específicas, e desde que apenas ações erradas, de acordo com Mill, são puníveis, Urmson naturalmente conclui que o certo e o errado derivam seu status de adesão ou violação de regras morais específicas.

A partir desta interpretação de Urmson, a proteção das escolhas individuais como um valor não negociável torna-se uma regra. Normas serão escolhidas por sua tendência a maximizar a utilidade e, portanto, ainda na interpretação de Urmson, necessitamos apenas mostrar que a escolha individual geralmente maximiza a utilidade. Isto não parece ser uma tarefa difícil. No capítulo III de *On Liberty* Mill afirma que "Quem considerar que não se deva encorajar a individualidade dos desejos e impulsos a expandir-se precisará também sustentar que a sociedade prescinde de naturezas fortes – não se faz melhor por possuir inúmeras pessoas de naturezas fortes -, e que uma elevada média geral de energia não é desejável"[86].

Claramente Mill parece estar justificando a escolha individual a partir de considerações utilitaristas. Depois, ainda no capítulo III, Mill argumenta que "Se uma pessoa possui uma quantidade tolerável de senso comum e experiência, seu modo próprio de dispor de sua existência é o melhor, não porque seja em si mesmo o melhor, mas porque é o seu modo próprio"[87].

Obviamente Mill está se referindo à tomada de decisão individual. Mas, ele continua,

> Um homem não pode adquirir um casaco ou um par de botas que lhe convenha se não forem fabricados sob medida, ou se não tem à disposição uma loja com todos esses artigos à sua escolha; e será mais fácil ajustá-lo a uma vida do que a um casaco, ou os seres humanos se parecem mais

85   Mill. *Utilitarianism*, p. 93. [trad. bras. p. 252].

86   MILL. *On Liberty*. Cambridge Texts in the History of Political Thought: Cambridge University Press, 2005, p. 61. [trad. bras. p. 92].

87   MILL. *On Liberty*. p. 67. [trad. bras. p. 103].

uns aos outros em toda sua conformação física e espiritual que na forma dos pés?[88]

Em apoio a Urmson se poderia dizer que Mill parece defender aqui a tomada de decisão individual por que seria a melhor maneira de promover a felicidade individual. Deste modo, reitero, parece que Mill defende que a proteção da escolha individual maximize a utilidade.

Em resposta à interpretação de Urmson, Maurice Mandelbaum[89] faz uma importante distinção sobre a relação entre observar ou não regras morais, por um lado, e certo e errado de outro. Neste sentido há a alegação que se uma ação viola uma regra moral específica, então a ação estaria errada. Este princípio é mais fraco que o princípio de justificação da regra, que diz que uma ação é errada na medida em que viola uma regra moral. O princípio que permite a violação de regras simplesmente permitiria que um observador desinteressado fizesse uma afirmação objetiva sobre o status moral de uma ação. O princípio de justificação de regras, no entanto, reivindicação normativa sobre por que uma ação é qualificada como certa ou errada. Para que a interpretação de Urmson seja plausível, deveria mostrar que Mill aceita o princípio de justificação de regras. Mandelbaum então ataca a distinção operada por Urmson entre princípio de violação de regras e princípio de justificação de regras, argumentando que Urmson simplesmente demonstrou que Mill se baseia no princípio de violação da regra. Ou seja, para ações em que certas regras morais são violadas, isto não seria o caso de considerá-las erradas. O que Urmson não esclarece é se Mill pensa que ações sejam erradas por que violam essas regras. Mandelbaum procura apoiar sua crítica na rejeição que Mill faz do intuicionismo moral. Ao responder à pergunta de por que a falta de um padrão reconhecidamente moral não teve efeitos mais desastrosos do que parece ter tido, Mill afirma que "(...) se essas crenças morais atingiram alguma uniformidade ou coerência, isso se deveu à tácita influência de um padrão não reconhecido"[90]. A partir desta afirmação, Mandelbaum conclui que, apesar do fato que em casos particulares a justificação parece ser feita através da referência a uma regra moral que, segundo Mandelbaum "como uma regra somente possui convicção se, por trás dela, existir um apelo tácito para o padrão sem o qual a regra em si mesma não se justificaria"[91]. Em resumo, as regras por si mesmas não

• • • • • • • • • • • •

88   Mill. *On liberty*. pp. 67-68. [trad. bras. p. 103].
89   MANDELBAUM, Maurice. "Two Moots Issues in Mill's Utilitarianism". In: *Mill: A Collection of Critical Essays*. Edited by J.B. Schneewind. Garden City, NY: Doubleday, 1968, pp. 206-233.
90   MILL. *Utilitarianism*. p. 51. [trad. bras. p. 180].
91   MANDELBAUM, Maurice. "Two Moots Issues in Mill's Utilitarianism". In: *Mill: A Collection of Critical Essays*. Edited by J. B. Schneewind. Garden City, NY: Doubleday, 1968, p. 214.

garantem as bases para as ações corretas ou erradas. Ao contrário, é o princípio da utilidade que provê tal base, enquanto as regras funcionam como um método sistemático para a tomada rápida de decisão.

Mandelbaum apoia sua crítica à Urmson recorrendo à *Lógica*[92]. Na *Lógica*, Mill distingue entre o papel do *juiz* e do *legislador*, argumentando que a diferença entre o juiz e o legislador reside no seguinte fato

> Para o juiz, a regra, uma vez que tenha sido determinada positivamente, é o critério final; mas o legislador, ou outro executante, que se orienta por regras e não por suas razões, como os antiquados estrategistas alemães que foram derrotados por Napoleão, ou o médico que preferia que seus pacientes morressem conforme à regra, a vê-los se recuperar de modo contrário a esta, são corretamente considerados como meros pedantes e escravos de suas fórmulas[93].

Mill está afirmando aqui que o papel do juiz é examinar casos particulares e, em seguida, determinar a qual regra se enquadra. O legislador, ao contrário,

> (...) tem regras e máximas políticas; mas seria um erro manifesto supor que o legislador esteja vinculado a estas máximas da mesma forma como o juiz é obrigado pelas leis, e que tudo o que ele tem que fazer seja argumentar a partir delas para um caso particular, como faz o juiz a partir das leis. O legislador é obrigado a levar em consideração as razões ou os fundamentos das máximas[94].

Claramente Mill espera que o legislador considere o princípio da utilidade, ao elaborar as leis. Cabe ressaltar que Mill também defende a participação ativa de todos nos assuntos de governo. Consequentemente, a maioria se não todos os cidadãos, estariam, pelo menos alguma vez, na posição do legislador. Se Mill realmente espera que todos sejam capazes de considerar primeiros princípios ao se elaborarem as leis, então pareceria inútil esperar que essas mesmas pessoas baseiem a

· · · · · · · · · · · ·

92   Estou me referindo à obra de Mill, *A System of Logic*.

93   MILL, John Stuart. "On the Logic of the Moral Sciences". *Book IV, Chapter XII. In: A System of Logic*. Ed. J. M. Robson. *Collected Works of John Stuart Mill*, Vol. 10. Toronto: Toronto University Press, 1969, p. 944.

94   *Ibid.*, p. 944.

correção/incorreção de suas ações sobre regras que elas próprias podem justificar apelando diretamente à utilidade.

Neste sentido, parece evidente que Mill não seja um utilitarista de regras[95]. Assim, enquanto a interpretação de Mill como um utilitarista de regras nos dá uma imagem simplista do mecanismo para conciliar a maximização da utilidade com a proteção das tomadas de decisões individuais, uma interpretação precisa da filosofia moral de Mill tem que levar em conta *A System of Logic*. Esta é justamente a estratégia utilizada pelos defensores da interpretação revisionista de Mill, interpretação que tem o seu início com Alan Ryan e se baseia no conceito milleano de *'Art of Life'*. Cabe destacar que esta interpretação da *'Art of Life'* é central na concepção de felicidade de Mill.

3.2 - Seria o Princípio da Utilidade um Princípio Axiológico?

A estratégia axiológica mantém as vantagens do utilitarismo de regras, e procura ser consistente com uma ampla gama de textos de Mill. Como no utilitarismo de regras, tal estratégia funda a moralidade nas regras que são derivadas dos cálculos de utilidade. Mas, ao contrário da interpretação do utilitarismo de regras, que se baseia exclusivamente em referências soltas acerca dos princípios secundários, a estratégia axiológica parece estar fundamentada em considerações milleanas acerca da vida. Mill sustenta na *Lógica* que a *'Art of Life'*[96] é um guia sobre como viver uma vida propriamente integrada, e sustenta que o princípio da utilidade deve agir como *Filosofia Primeira*. Levando a sério as implicações da *'Art of Life'* para a utilidade, os intérpretes revisionistas[97] procuram formar uma imagem diferente para o utilitarismo.

• • • • • • • • • • • •

95   Cf. CRISP, Roger. *Mill on Utilitarianism*. London: Routledge, 2006, pp.102-133.

96   MILL, John Stuart. *A System of Logic*. Chapter 12, sec. 6.

97   A interpretação *tradicional* dos escritos de Mill defende a incompatibilidade entre o seu utilitarismo e a defesa da liberdade pessoal e individualidade, tal como desenvolvida em *On Liberty*. Muitos críticos focam sua atenção sobre as pretensas inconsistências na filosofia de Mill e subestimam a crença de Mill na liberdade e na utilidade. Intérpretes como Maurice Cowling e Gertrud Himmelfarb defendem tais inconsistências. Esta questão tem sido revista recentemente. A interpretação *revisionista* recorda a afirmação de Mill de que a liberdade não possa estar dissociada da utilidade. C. L. Ten procurou desativar as críticas a Mill em seu livro, *Mill on Liberty*, onde afirma que a interpretação tradicional é contraditória e equivocada. Já John Gray, que também é um dos novos intérpretes de Mill, defende que *On Liberty* só pode ser compreendido corretamente se analisado em conjunto com outros textos: *A System of Logic* e sua *"Art of Life"*. Ou seja, a interpretação revisionista pretende, acima de tudo, assinalar a consistência nos escritos de Mill e defendê-lo dos ataques da interpretação tradicional.

O princípio de utilidade, a partir da interpretação revisionista de John Gray, livre de seu status como princípio moral, torna-se agora um princípio axiológico.

Este princípio afirma que a utilidade geral é o único bem supremo ou intrínseco da vida em geral, do qual a arte da moralidade é subserviente. Por conta disso, a utilidade em si não é compreendida como equivalente à moral. A utilidade apenas especifica o que é *bom*. Ou seja, a utilidade não especifica qual ação seja correta; em vez disso, simplesmente oferece um padrão para se julgar um estado de coisas. Assim, a título de exemplo, o princípio da utilidade permitiria a reivindicação de que a morte agonizante de um animal por causas naturais seja considerada uma coisa ruim, mesmo que não envolva ações que possam ser qualificadas de 'imorais'.

Mas, se o princípio da utilidade é axiológico, parece que há um problema ao se tentar conciliá-lo com o projeto de Mill. É o propósito de Mill no *Utilitarianism* construir uma teoria moral e, nesta perspectiva, a moralidade estaria preocupada principalmente com ações. Uma teoria da moralidade deveria supostamente fornecer um guia para as ações. Mas, se o princípio da utilidade é apenas um princípio axiológico, então não pode servir como guia moral, uma vez que princípios axiológicos são indicativos e não imperativos. Isto é, um princípio axiológico é aquele que simplesmente afirma que X é bom, sem especificar se devemos ou não perseguir X. Então, os revisionistas precisam encontrar um segundo princípio que conecte o princípio da utilidade com as ações. D. P. Dryer argumenta que Mill faz essa tentativa. Ele afirma que Mill

> Argumenta que isto é por que a felicidade é a única coisa desejável por si mesma e que o teste da conduta geralmente serve para a promoção da felicidade. O princípio que ele emprega ao dar esse passo é que, se houver algo que seja desejável em si mesma, então a promoção disto é o teste da conduta humana (...) Mill, assim, toma como certo que algo deva ser feito, se e somente se, suas consequências forem mais desejáveis do que qualquer alternativa disponível[98].

Dryer está afirmando aqui que Mill simplesmente assume que qualquer coisa portadora de valor intrínseco deve ser promovida, e que devemos promover aquelas ações que produzem mais daquilo que possui

•••••••••••
98   DRYER, D.P. "Mill's Utilitarianism". Essays on Ethics, Religion and Society. Ed. J. M. Robson. *Collected Works of John Stuart Mill*, Vol. 10. Toronto: Toronto University Press, 1969. p. lxiv.

valor intrínseco do que faria qualquer ação alternativa. Gray[99] invoca, então, em nome de Mill, o 'princípio da conveniência'.

John Gray passa, deste modo, a interpretar Mill do seguinte modo: o princípio da utilidade especifica que a felicidade é a única coisa que possui valor intrínseco. Este princípio faz uma afirmação axiológica e nada mais; ou seja, não fornece um imperativo para a ação. Em vez disso, o imperativo é dado pelo 'princípio da conveniência', que nos diz que temos que promover o que possui valor intrínseco. Mas, de acordo com esta interpretação, a falha ao se seguir um imperativo não torna uma ação necessariamente imoral. Neste sentido, pode-se imaginar que o princípio axiológico da utilidade possa especificar algo como bom, e que o princípio da conveniência determine que se deva promover o que fora especificado pelo princípio da utilidade.

Alguns revisionistas então concluem que mesmo estes dois princípios, o princípio da utilidade e o princípio da conveniência, não nos fornecem a moralidade. Afirmam, então, que Mill precisaria um terceiro princípio que defina o que significar ser moral. Mill oferece tal definição no último capítulo do *Utilitarianism*, onde afirma

> Jamais qualificamos uma ação de maléfica, sem que queiramos indicar que a pessoa deve ser de uma maneira ou outra punida por praticá-la; se não pela lei, ao menos pela opinião de seu semelhante; se não pela opinião, pela censura de sua própria consciência. Este parece ser o ponto de inflexão da distinção entre moralidade e a mera conveniência[100].

Assim, para Mill, ações são erradas apenas se são ações que mereçam punição. As demais ações, excluídas as ações corretas, são classificadas como questões de prudência e não como ações morais ou imorais.

A tentativa de equacionar moralidade com sanções é realmente um dos aspectos mais cruciais da interpretação axiológica. Ao criar um critério de moralidade que seja separado da simples promoção da utilidade, circunscreve um espaço para que a escolha individual tenha um papel altamente relevante. Desde que a moralidade e a utilidade não sejam indissociáveis, a tomada de decisão individual torna-se algo mais do que apenas instrumentalmente valiosa. Levando isto em consideração, os revisionistas removem o valor da promoção utilitarista da moral

••••••••••••

99   GRAY, John. *Mill on Liberty: A Defence*. London: Routledge Kegan Paul, 1996, p. 22.

100   MILL. *Utilitarianism*. p. 93. [trad. bras. p. 252].

e colocam em seu lugar a proteção das decisões individuais como não negociáveis. Como resultado, a preocupação dos intérpretes tradicionais de Mill sobre a compatibilidade dos dois valores parece desaparecer.

O problema com a interpretação axiológica gira em torno do trabalho conceitual que o princípio axiológico supostamente realiza. Ou seja, tornando o princípio da utilidade um princípio axiológico, parece que o se consegue nada mais é do que diminuir a tensão entre a promoção da utilidade e a proteção das escolhas individuais como um valor não negociável. Em vez disso, a perspectiva axiológica nada mais faz do que fornecer novos nomes para os valores que são realmente conflitantes. Os intérpretes revisionistas parecem rotular a moralidade como axiológica, restringindo o termo "moralidade" a uma classe muito restrita de ações morais, e alegando que a tensão entre os valores morais da promoção da utilidade e a proteção das escolhas individuais tende a desaparecer.

Esta terminologia não é, no entanto, a de Mill, pois ele parece rejeitar explicitamente a ideia de que o princípio da utilidade nada mais é do que um princípio axiológico. Depois de discutir os prazeres superiores/ elevados no *Utilitarianism*, Mill argumenta que o teste da utilidade só é possível, quer em termos de quantidade ou qualidade, referindo-se à opinião de juízes competentes[101]. A determinação do que esses juízes fazem sobre as coisas que são verdadeiramente prazerosas torna-se

> (...) de acordo com a opinião utilitarista, a finalidade da ação humana, é necessariamente também o padrão da moralidade. Assim, é possível definir a moralidade como as regras e os preceitos da conduta humana, cuja observância permitiria que uma existência tal como a descrita fosse assegurada, na maior medida possível, a toda a humanidade[102].

Mill está aqui definindo explicitamente a moralidade como regra da conduta humana, não colocando quaisquer condições para a sanção de tal regra. Esta passagem indica que a moralidade é um assunto muito mais abrangente do que pensa a interpretação axiológica. Além disso, o padrão de moralidade não é determinado apelando-se a regras, mas pelo apelo direto ao prazer e à dor, o que, para Mill, é o mesmo que apelar diretamente ao princípio de utilidade. Assim, Mill não sustenta que o princípio da utilidade seja um princípio axiológico (apenas especificando o que seja valioso), mas considera o princípio da utilidade o verdadeiro padrão de moralidade.

• • • • • • • • • • • •

101   MILL. *Utilitarianism*. p. 58. [trad. bras. p. 193].
102   MILL. *Utilitarianism*, p. 59. [trad. bras. p. 194].

Em carta de 14 de abril de 1872 para John Venn, Mill afirma:

> Eu concordo com você que a maneira correta
> de testarmos ações por suas consequências,
> é testá-las por suas consequências naturais
> de ações particulares, e não por aquilo que
> aconteceria se fizéssemos a mesma coisa. Mas,
> em sua maior parte, a consideração do que
> aconteceria se todos fizessem a mesma coisa, é
> o único meio de se descobrir a tendência do ato
> no caso particular[103].

Nesta carta Mill subscreve um apelo direto à utilidade, a fim de determinar qual das regras em conflito deve determinar o que deve ser feito no caso em questão. Deste modo, o que se espera é que as regras morais sirvam como "regras de polegar" em um utilitarismo de atos.

Esta concepção do utilitarismo de atos é 'maximizante' na medida em que identifica a ação correta com a melhor ação disponível, e reconhece que o correto pode variar de grau, dependendo da proximidade da ação. O ato correto seria o 'ato ideal', mas alguns atos podem ser mais ou menos certos ou errados que outros. Neste caso, o utilitarismo de atos parece requerer que devamos aderir a preceitos morais sobre a honestidade, a fidelidade e a não-maleficência, somente quando isso mostrar produzir as melhores consequências.

Ao final, uma vez que apresentei os problemas em se considerar Mill um utilitarista de regras, e que defendi ser o utilitarismo de atos mais coerente com o seu pensamento, reconheço que esta posição também não está isenta de problemas. É preciso dizer que Mill, na 'Art of Life', indicou que a utilidade não é equivalente à moral; ou seja, enquanto a moralidade pode ser fundamentada no princípio da utilidade, o princípio não se restringiria a apenas considerações morais. Embora cada uma dessas tentativas de reconciliar o desejo milleano de promover a utilidade, com seu desejo de proteger as escolhas individuais como não-negociáveis, penso que ambas oferecem contribuições valiosas para a interpretação de Mill: A interpretação tradicional nos ensina que uma concepção padrão do utilitarismo é insuficiente para conciliarmos esses dois valores. O utilitarismo de regras nos mostra que regras são necessárias e imprescindíveis para a resolução do problema. A interpretação axiológica indica que a concepção milleana da vida humana é muito rica e complexa, e que nosso sistema moral deve, de algum modo, dar conta desta

• • • • • • • • • • • •
103   MILL, John Stuart. *Later Letters of John Stuart Mill* (1849–1873), ed. Francis Mineka and Dwight N. Lindley, In: J. M. Robson (ed.) *Collected Works of John Stuart Mill*, Vols. XIV–XVII. Toronto: Toronto University Press, 1972.

complexidade. Sendo assim, não pleiteio uma total desconsideração pelas regras. Entretanto, será que Mill advogaria tanto um utilitarismo de atos quanto um utilitarismo de regras? Haveria, então, a possibilidade de coadunarmos as duas versões?[104]. A discussão continua aberta.

REFERÊNCIAS

BRANDT, Richard. *Ethical Theory*: The *Problems of Normative and Critical Ethics*. Englewood Cliffs, NJ: Prentice-Hall, 1959.

CRISP, Roger. *Mill on Utilitarianism*. London: Routledge, 2006.

DRYER, D. P. "Mill's Utilitarianism". Essays on Ethics, Religion and Society. In: J.M. Robson (ed.). *Collected Works of John Stuart Mill*, Vol. 10. Toronto: Toronto University Press, 1969.

GRAY, John. *Mill on Liberty: A Defence*. London: Routledge Kegan Paul, 1996.

MANDELBAUM, Maurice. "Two Moots Issues in Mill's Utilitarianism". In: *Mill: A Collection of Critical Essays*. Edited by J.B. Schneewind. Garden City, NY: Doubleday, 1968.

MILL, John Stuart. *Utilitarianism*. Edited by Roger Crisp. Oxford: Oxford University Press, 2004.

___. "On the Logic of the Moral Sciences". *Book IV, Chapter XII*. In: *A System of Logic*. Ed. J.M. Robson. *Collected Works of John Stuart Mill*, Vol. 10. Toronto: Toronto University Press, 1969.

___. Later Letters of John Stuart Mill 1849–1873, ed. Francis Mineka and Dwight N. Lindley, In: J. M. Robson (ed.) *Collected Works of John Stuart Mill*, Vols. XIV–XVII. Toronto: Toronto University Press, 1972.

___. *On Liberty*. Cambridge Texts in the History of Political Thought: Cambridge University Press, 2005.

___. *A Liberdade / Utilitarismo*. São Paulo: Martins Fontes, 2000.

SMART, J. J. "Extreme and Restricted Utilitarianism". *The Philosophical Quarterly* 6, 1956, pp. 344–54.

URMSON, J. O. "The Interpretation of the Moral Philosophy of J.S. Mill." *Philosophical Quarterly* 3 (1953), pp. 33-39. [Reprinted in *Mill's Utilitarianism: Critical Essays*. Ed. David Lyons. (Boston: Rowman & Littlefield Publishers, Inc., 1997), pp. 1-8].

WEST, Henry. *An introduction to Mill's Utilitarian Ethics*. Cambridge: Cambridge University Press, 2004.
• • • • • • • • • • • •
104   Cf. nota 68.

CAPÍTULO 4

MILL E O UTILITARISMO INDIRETO

Na medida em que a relação entre o primeiro princípio e os princípios secundários está em discussão constante, alguns intérpretes de Mill defendem que o princípio da utilidade deva funcionar indiretamente, exceto em casos excepcionais. Para este tipo de interpretação tem havido argumentos que buscam alcançar a clareza da teoria moral milleana. Não analisarei aqui esta questão detalhadamente, mas farei apenas algumas considerações.

Pode-se notar que alguns intérpretes acreditam que a filosofia moral de Mill repousa sobre regras, dado a sua ênfase nos princípios secundários[105]. Outros têm argumentado que o princípio da utilidade deva ser interpretado, não como uma teoria do certo e do errado, mas como uma teoria do bem[106]. Há, ainda, aqueles que concordam em parte com esse aspecto de aplicação do primeiro princípio milleano, e defendem que o utilitarismo de Mill é, na verdade, um utilitarismo indireto[107]. Segundo Lyons, "nesse tipo de teoria, o raciocínio utilitarista se aplica aos princípios morais diretamente, mas regula as condutas apenas indiretamente"[108]. Esta interpretação apresenta aspectos importantes da filosofia moral de Mill e poderia ser a interpretação mais plausível. Todavia, o problema desta interpretação residiria no fato de que a maioria destes intérpretes toma como certo que o princípio da utilidade atua apenas como uma teoria do *bem*. É evidente que Mill admite que existam casos excepcionais, nos quais as regras morais ou princípios secundários não são aplicáveis ou entram em conflitos, e que qualquer pessoa, ou o 'juiz competente', pode apelar diretamente ao princípio da utilidade. Ou seja, haveriam casos nos quais o primeiro princípio atuaria como regulador da conduta. Em minha interpretação, o primeiro princípio milleano da utilidade desempenha a dupla função.

4.1 - John Gray e o Utilitarismo Indireto

John Gray oferece uma solução ao problema do princípio de utilidade e sua aplicação,fazendo uso dos conhecimentos adquiridos

••••••••••••
105   URMSON, J. O. "The Interpretation of the Moral Philosophy of J.S. Mill." *Philosophical Quarterly* 3 (1953), pp. 33-39. [Reprinted in *Mill's Utilitarianism: Critical Essays*. Ed. David Lyons. (Boston: Rowman & Littlefield Publishers, Inc., 1997), pp. 1-8];
106   BROWN, 1973; AUDARD, Catherine, 1998, p. 10 e 14.
107   SUMNER, Wendy, 1979; GRAY, John, 1991; LYONS, David, 1994.
108   LYONS, David. 1994, p. 17.

a partir de sua posição axiológica[109]. Gray postula que Mill seja um utilitarista indireto[110] que precisa de regras secundárias, criando espaço na concepção de filosofia moral de Mill para a importância da tomada de escolha individual[111] como um valor não-negociável, e evitando, ao mesmo tempo, uma possível tensão com a promoção da utilidade[112].

A interpretação do utilitarismo indireto[113] permitiu a John Gray separar o apelo à utilidade do apelo a princípios secundários, destacando a natureza contraproducente de recursos diretos à utilidade. Sua posição não dependeria, portanto, da estratégia axiológica para desentrelaçar a utilidade de princípios secundários; ao contrário, Gray argumenta que a própria natureza da utilidade limita a sua capacidade de funcionar como algo além de um espaço que possa acomodar princípios secundários.

Cabe ressaltar que as diferenças entre o Utilitarismo Indireto e o Utilitarismo de Regras são sutis e nem sempre são claras na literatura filosófica[114]. Neste sentido, as diferenças cruciais entre a perspectiva de Urmson, como um utilitarista de regras e a posição de Gray – como

• • • • • • • • • • • •

109   De acordo com John Gray, a versão indireta do utilitarismo não permite que o princípio da utilidade possa ser aplicado diretamente sobre quaisquer ações indivíduais ou regras sociais. A principal distinção entre o 'utilitarismo das regras' e a interpretação proposta por Gray do 'utilitarismo indireto' reside em como utilizar o princípio da utilidade: o primeiro permite que o princípio da utilidade possa ser utilizado diretamente como árbitro para resolver os conflitos entre as diferentes obrigações morais, enquanto o segundo insiste que o princípio de Mill de utilidade é meramente axiológico. GRAY, John. *Mill on Liberty: A Defence*, 1996, capítulo 2.

110   *Ibid*, p.38-42.

111   John Gray tem utilizado atualmente o termo *autonomia* no lugar de tomada de escolha individual. Utilizarei, no mesmo sentido, o termo *autonomia*, que faz jus ao pensamento de Mill, como apontei em *John Stuart Mill & a Liberdade*. RJ: Jorge Zahar Editor, 2008. Na mesma direção, afirma Wendy Donner: "Autonomy is the capacity to reflect critically upon, choose and endorse the character, projects and pursuits in harmony with our nature", p. 276. In: *The Cambridge Companion to Mill*. Cabe, no entanto, destacar: Gray afirma que Mill não utiliza o termo autonomia. p. 71. Creio que Gray desconheça a carta escrita por Mill em 20 de setembro de 1871 e que é, claramente, esclarecedora sobre os propósitos de *On Liberty*.

112   Ver o capítulo 3 deste livro: *John Stuart Mill e o Utilitarismo*.

113   Sugiro a leitura da crítica elaborada por Ben Eggleston presente na recém-lançada obra *The Cambridge Companion to Ultilitarianism*. Cambridge: Cambridge University Press, 2014, capítulo 6: *Act Utilitarianism*.

114   Ver o meu artigo Rule-Utilitarianism In: *Ethic@* - *A Journal of Moral Philosophy* v. 8, p. 47-61, 2009. A concepção elaborada por Gray do 'utilitarismo indireto' precisa ser cautelosamente distinguida do utilitarismo de regras, em evidente contraste com o utilitarismo de atos entendido como 'utilitarismo direto'.

um utilitarista indireto - é que Urmson estabelece as regras que são baseadas na utilidade e, em seguida, mede o certo e o errado por ser (ou não) uma ação que esteja em conformidade com tais regras. Gray, por outro lado, argumenta que o apelo direto ao princípio da utilidade seria contraproducente, uma vez que a utilidade não pode servir como um guia até mesmo para que regras possam ser determinadas. Nesta direção, Gray deriva o princípio da autonomia do princípio da utilidade e, em seguida, procura utilizar aquele princípio - em vez da utilidade - para determinar regras básicas.

Gray argumenta que Mill não apela diretamente à utilidade por ser este apelo, em última instância, auto-destrutivo[115]; isto se daria por duas razões: as pessoas não teriam o conhecimento e a capacidade de detectar qual ação poderia produzir as melhores consequências[116] e que a felicidade não seria algo que possa ser diretamente perseguida[117].

Esta interpretação de Mill - como um utilitarista indireto - baseia-se principalmente na afirmação que Mill faz em sua *Autobiografia*:

> É certo que jamais foi abalada a minha convicção de que a felicidade é o critério de todas as regras de conduta e o fim que se persegue na vida. Mas eu agora pensava que este fim só pode ser alcançado não fazendo dele o objetivo imediato. Só são felizes (eu pensava) os que têm a mente fixada em algum objeto que não seja a sua própria felicidade: na felicidade dos outros, na melhora da humanidade, ou, inclusive, em alguma arte ou projeto que não se busque como um meio, mas como uma meta em si mesma ideal[118].

John Gray interpreta corretamente esta passagem ao dizer que Mill defende ser impossível buscar a própria felicidade diretamente. Até aqui Gray poderia ter a anuência de Mill. A partir deste ponto, no entanto,

• • • • • • • • • • • •

115   Cf. EGGELESTON, Ben. Act Utilitarianism. In: *The Cambridge Companion to Ultilitarianism*. Cambridge: Cambridge University Press, 2014, p. 141.

116   Embora não se possa analisar todas as conseqüências, não creio que Mill permitiria que isso fosse suficiente - por si só - para justificar uma mudança para o utilitarismo indireto.

117   GRAY, John. *Mill On Liberty: A Defence*. p. 35.

118   J.S. Mill. *Autobiography*. p. 115 (trad. bras. p. 130).

Gray afirma que também deve ser impossível para perseguir a utilidade e, consequentemente, conclui que todos os apelos à utilidade são auto-destrutivos.

Tendo afirmado que Mill parece defender o utilitarismo indireto, o próximo passo de Gray visa mostrar que Mill diz respeito à autonomia como sendo um de seus princípios secundários. É claro que, na perspectiva de Gray, o utilitarismo indireto de Mill não implica logicamente o valor autonomia, mas não permite espaço para que Mill considere a autonomia como um valor real. Em sequencia ao argumento procura examinar três tipos de liberdade – liberdade negativa, auto-direcionamento racional, tomada de decisão individual[119].

Para Gray, liberdade negativa é apenas a liberdade de coação. Auto-direcionamento racional é uma concepção mais poderosa de liberdade que proporciona ao agente "agir de acordo com suas próprias políticas racionais", mesmo em casos em que esteja sendo coagido[120]. Finalmente, Gray sustenta que para ser um indivíduo que faça suas próprias escolhas é necessário que exercite sua capacidade de uma vontade racional e, ao mesmo tempo, tenha uma vontade livre. Ele aponta duas passagens do terceiro capítulo de On Liberty para apoiar a sua afirmação, em que Mill defenderia essa concepção de autonomia. Na primeira, Mill argumenta que

> As faculdade humanas da percepção, do juízo, do discernimento, da atividade mental e até mesmo da preferência moral exercem-se apenas quando se faz uma escolha (...) As capacidades mentais e morais a exemplo das musculares, aprimoram-se somente pelo uso[121].

Na segunda passagem, Mill acrescenta que

> Segundo se diz, possui caráter aquele cujos desejos e impulsos são próprios, são uma expressão de sua natureza própria, conforme se desenvolva e modifique por intermédio de sua cultura peculiar. Aquele cujos desejos e impulsos

••••••••••••
119   Cabe destacar que Gray ainda trata de *autarquia* como um quarto tipo de liberdade.
120   GRAY, p.74
121   *On Liberty*, p. 59 (trad. bras. p. 89)

não lhe pertencem não possui nenhum caráter, do mesmo modo como não possui caráter uma máquina a vapor[122].

Gray argumenta que esta passagem demonstra que Mill valoriza a autonomia e nisso ele tem razão. Mill parece considerar a tomada de escolha individual como fundamentalmente valiosa na formação do caráter, sendo a formação do caráter um aspecto crucial da moralidade. De fato, em *'Remarks on Bentham's Philosophy'*, Mill critica Bentham por ignorar a formação do caráter, ao afirmar que,

> *It is not considered (at least, not habitually considered,) whether the act or habit in question, though not in itself necessarily pernicious, may not form part of a character essentially pernicious, or at least essentially deficient in some quality eminently conducive to the 'greatest happiness*[123]

É desta passagem que Gray conclui ter Mill demonstrado um profundo compromisso com a autonomia.O próximo passo de Gray procura demonstrar a consistência do princípio da liberdade com o princípio da utilidade, argumentando que Mill defende o valor da autonomia por apelos indiretos à utilidade. Gray faz essa afirmação incorporando a concepção de autonomia na tão criticada posição de Mill sobre a qualidade dos prazeres. Ao discutir os prazeres mais elevados, Gray aponta rapidamente que para todas as suas referências ao prazer e à ausência de dor, Mill "nunca endossou a visão primitiva que o prazer é uma espécie de sensação que acompanha as nossas ações"[124].

Em outras palavras, Mill não teria definido a felicidade como um estado mental de prazeres e dores. Em vez disso, argumenta Gray, Mill vê a felicidade como os projetos "expressos em um indefinido conjunto de vidas humanas felizes"[125]. Neste sentido, Gray quer ver a distinção entre pazeres 'superiores' e 'inferiores' como sendo uma distinção entre diferentes tipos de atividades ou formas de vida, em vez de vê-los como uma diferença entre 'estados mentais'.

• • • • • • • • • • • •

122   *ibid.*, p. 60 (trad. bras. p. 92)
123   "Remarks on Bentham's Philosophy," p. 8
124   Gray, p. 71
125   *ibid.*, p. 72

Gray passa, então, a tentar distinguir os prazeres elevados de outros prazeres. Ele considera que uma condição necessária para que um prazer seja um prazer superior é que seja escolhido individualmente, após o agente ter experimentado uma ampla gama de experiências. Gray acrescenta que a condição suficiente para que um prazer seja um prazer elevado é que ele reflita a natureza individual do agente. Para Gray, os prazeres elevados variarão de pessoa para pessoa; contanto que seja algo escolhido individualmente e que a escolha decorra da natureza da pessoa, então essa atividade possuiria um prazer elevado.

A partir daí, conclui dizendo que "não pode haver dúvida que Mill viu o esforço para autonomia como uma parte permanente, embora uma parte facilmente frustrada do esforço humano para a felicidade"[126].

A interpretação que Gray faz de Mill como um utilitarista indireto parece resolver quase todas as dificuldades enfrentadas por Mill. Ao defender que os apelos diretos à utilidade são auto-destrutivos, Gray abre espaço para a presença de princípios secundários que funcionam como regras para a conduta humana. Gray então argumenta que o pensamento de Mill apresenta a autonomia como um valor não-negociável e, ainda, justifica a autonomia, desde que os bens escolhidos individualmente sejam apenas os prazeres mais elevados. Consequentemente, de acordo com Gray, uma vez que qualquer tentativa de substituir a autonomia em nome da maximização da utilidade seria auto-destrutiva, a maximização da utilidade deveria encontrar sua barreira última na autonomia.

4.2 - O Problema da Interpretação de John Gray

Essa reconstrução do pensamento de Mill como um utilitarista indireto não está, no entanto, isenta de problemas. A evidência textual da *Autobiografia* que Gray indica parece insuficiente para justificar a conclusão de que Mill se refere à promoção direta da utilidade como sendo auto-destrutiva. Ou seja, a única passagem que Gray aponta não parece suficiente para estabelecer que Mill seja um utilitarista indireto. Além disso, muitas vezes Mill parece apelar diretamente à utilidade, tanto no *Utilitarianism* quanto em *On Liberty*. Como observado anteriormente, Gray cita uma passagem muito significativa da *Autobiografia* na qual Mill parece não defender a busca direta de utilidade. Mas as declarações de Gray vão mais longe do que possa justificar tal passagem. A interpretação que Gray faz desta passagem se destina a arrefecer sua afirmação anterior no qual afirma que

> Mill recommends the adoption of a principle
> constraining the direct pursuit of happiness

as a self-denying ordinance with respect to the promotion of happiness. . .[this thesis] maintains that a principle constraining the pursuit of happiness is derivable from principles which enjoin maximizing it with the assistance of certain quasi-empirical assumptions about the paradoxical and self-defeating effects of trying directly to promote happiness[127].

Embora a passagem apontada por Gray apoie a sua afirmação de que a busca direta da felicidade seja impossível, dificilmente elimina a promoção direta da felicidade. Com efeito, a promoção da felicidade de terceiros é um dos fins que Mill afirma que um agente pode perseguir a fim de alcançar indiretamente sua própria felicidade.

Na verdade, na própria passagem citada por Gray, Mill afirma que uma das coisas que leva à felicidade dos agentes é que eles "(...) têm a mente fixada em algum objeto que não seja a sua própria felicidade"[128]. A afirmação de Gray de que é paradoxal para um indivíduo buscar sua própria felicidade, para o pressuposto de que a promoção de utilidade sofre do mesmo paradoxo, é simplesmente injustificável.

Mas a interpretação que Gray padece de um problema ainda maior, pois parece inconsistente com algumas reivindicações do próprio Mill. Ao discutir se uma pessoa deva ser responsabilizada por não prevenir o 'mal' que recaia sobre terceiros, Mill argumenta que

> Frequentemente há boas razões para não o obrigar a assumir a responsabilidade, mas tais razões devem resultar das circunstâncias especiais do caso, ou porque o caso é de tal espécie que, de modo geral, o indivíduo provavelmente agirá melhor se deixado à sua própria discrição do que se controlado por qualquer das maneiras de controle sob o poder da sociedade; ou porque a tentativa de exercer controle produziria outros males, ainda maiores do que quantos desejassem prevenir[129].

Aqui Mill está claramente oferecendo sistemáticas considerações utilitaristas para se decidir uma questão. O apelo de Mill não é à tomada

• • • • • • • • • • • •

127   *ibid.*, p. 15
128   *Autobiography*, p. 92 (trad. bras. p. 130).
129   *On Liberty*, p. 15 (trad. bras. p. 20)

de escolha individual como Gray defende, mas sim à utilidade. Uma vez mais, ao defender a liberdade de expressão, a reivindicação de Mill é que

> (...) o que há de particularmente mau em silenciar a a expressão de uma opinião é o roubo à raça humana – à posteridade, bem como à geração existente, mais aos que discordam de tal opinião do que aos que a mantêm[130].

Mill certamente está esposando considerações diretas à utilidade neste caso. Mas, se Mill fosse um utilitarista indireto (*in extremis*), então jamais apelaria diretamente à utilidade. Com efeito, para Gray, qualquer apelo direto à utilidade é impossível; portanto, apenas um apelo direto à utilidade por parte de Mill seria suficiente para minar as reivindicações de Gray.

Mais preocupante para a interpretação de Gray, no entanto, é o argumento de Mill em *Utilitarianism* ao afirmar que um "critério do certo e do errado seja necessariamente o meio de determinar com certeza o que é certo e errado, e não a consequência de já ter alcançado essa certeza"[131]. Esta afirmação parece tratar explicitamente do utilitarismo indireto. Uma vez que o utilitarismo indireto sustenta que apelos diretos à utilidade sejam impossíveis, o agente deveria recorrer apenas aos princípios que fossem derivados da utilidade. O critério do correto e incorreto para um utilitarista indireto é, portanto, o de perguntar se uma ação viola um princípio secundário ou se possui consonância com tal princípio. Mas este teste é, em si mesmo, "uma consequência de já ter apurado" o que seria correto e incorreto. Ou seja, tais princípios secundários teriam sido justificados como corretos, apelando para a utilidade. Na interpretação do utilitarismo indireto, o critério para o correto e o incorreto não é realmente o que está nos mostrando se a ação é certa ou errada, pois estabelece o princípio secundário ao qual apelar, já tendo determinado, através de cálculos de utilidade pública, que tipo de ação em questão estaria aprovada.

O terceiro problema com a posição de Gray é a sua rejeição de Mill como um defensor do 'estado mental' de felicidade, uma rejeição que Gray não se preocupou em dar um argumento ou indicar um suporte textual. Esta falta de evidência é especialmente preocupante, considerando quantas vezes Mill refere-se à felicidade entendida como busca do prazer e eliminação da dor. Gray reserva-se a sustentar que "Mill nunca endossou a visão primitiva que o prazer é uma espécie de sensação que

••••••••••••
130   *ibid.*, p. 20 (trad. bras. p. 29)
131   *Utilitarianism*, p. 2 (trad. bras. p. 179)

acompanha nossas ações"[132]. Esta é uma reivindicação muito importante e séria para o qual, infelizmente, Gray não dá o devido tratamento. Isto se deve, muito provavelmente, à inexistência de um apoio por parte dos textos de Mill que permitam tal interpretação. Enquanto Gray está certamente correto ao apontar que Mill rejeitou a visão de Bentham do prazer, Mill jamais afirma uma perspectiva de desejo-satisfação do prazer. Mill, no entanto, menciona especificamente que o prazer é uma sensação quando ele pergunta no utilitarismo: "Que meios existem para determinar qual das duas dores é a mais aguda, ou qual a mais intensa de duas sensações prazerosas, senão o sufrágio universal dos que conhecem as duas sensações?"[133]. Aqui Mill estaria, de fato, definindo prazer e dor, como sensações oriundas de estados mentais.

Além disso, ao discutir o prazer e a dor, na segunda parte dos "Três Ensaios sobre Religião", Mill afirma que,

> (...) quase todo tipo de prazer de uma classe ou outra é proporcionado pela atuação das faculdades físicas e mentais, sendo uma fonte inesgotável de prazer, inclusive aquelas coisas que são dolorosas dão prazer por que satisfazem a curiosidade e procuram a agradável sensação de se produzir conhecimento; e também este prazer, quando experimentado, parece ser resultado do funcionamento normal da maquinaria, ainda que a dor normalmente surgida de algo externo interfira nela e em cada caso particular pareça ser resultado de um acidente[134].

A menos que "prazer" e "dor" sejam interpretados aqui como sensações, é difícil ver qual o sentido desta passagem. A segunda metade desta passagem em particular, parece difícil de interpretar como desejo-satisfação. Mill indica claramente aqui que prazer e dor significam sensações e uma vez que há indícios de que no *Utilitarianism* ele usa o prazer e a dor para se referir às sensações, há pouca razão para se supor que ele tenha utilizado tais palavras de forma diferente em outro lugares. Assim, desde que Mill aceite explicitamente em pelo menos dois lugares diferentes que o prazer e a dor sejam sensações e, uma vez que não

••••••••••••
132   Gray, p. 71
133   *Utilitarianism*, p. 11
134   John Stuart Mill. "Three Essays on Religion." *The Collected Works of John Stuart Mill.* Ed. J. M. Robson. Vol. X. (Toronto: University of Toronto Press, 1969) p. 458

há prova em contrário, parece razoável concluir que Mill defenda uma posição de estado mental de prazer[135] e não de uma posição de desejo-satisfação.

Neste sentido, parece que a interpretação de Gray – e do utilitarismo indireto - seja profundamente falha[136]. Primeiro, por que Mill de fato apela diretamente à utilidade em muitos casos, a autonomia desempenharia o papel tal como defende John Gray; destaque-se que

Mill apela inúmeras vezes para considerações utilitárias voltadas ao campo das instituições, os apelos de Gray apontam ao indivíduo, para a autonomia, tão somente. Em segundo lugar, uma vez que Mill aceita o prazer também como um 'estado mental', a reconciliação de Gray dos prazeres mais elevados de Mill com a tomada de escolha individual cai por terra, pois sem a perspectiva do desejo-satisfação do prazer, os prazeres mais elevados já não são apenas aquelas 'atividades' que são escolhidas individualmente. Em vez disso, Gray teria que fornecer algum argumento a respeito de por que o simples fato de alguém escolher algo individualmente deva ser considerado como uma ação com mais prazer do que se tivesse recebido se alguém tenha coagido a realizar essa mesma ação. Uma vez que propõe a finalização da promoção da utilidade na tomada de decisão individual, parece que a interpretação que Gray faz de Mill não contaria com o apoio de Mill.

Ao rejeitar tanto o utilitarismo e atos quanto do utilitarismo de regras, Gray não consegue evidenciar o devido tratamento do pensamento de Mill, falhando em compreender o utilitarismo de Mill. Outros especialistas em Mill, mesmo tendo criticado os dois modos de se investigar Mill (Utilitarismo de Atos e de Regras), podem colaborar para uma melhor qualificação das ideias milleanas. É o caso de Fred Berger e Henry West, para quem "(...) ele não é (nem um utilitarista de atos ou um utilitarista de regras) se estes são interpretados como teorias morais utilitaristas exclusivas e completas. Por outro lado, se estes são interpretados como formas de raciocínio moral utilitarista, ele é ambos e muito mais".

•••••••••••
135   Esta é, ainda, uma interpretação controversa e passível de revisão.
136   Uma posição semelhante é defendida por EGGLESTON, Ben. Act Utilitarianism. In: *The Cambridge Companion to Ultilitarianism*. Cambridge: Cambridge University Press, 2014, p. 142.

Ao final ainda teríamos que decidir qual posição poderia ser confortavelmente defendida, pois os pontos de vista de Mill dependem de um modelo de equilíbrio; neste caso, o equilíbrio a se considerar seria: devemos seguir as regras geralmente úteis ou devemos nos envolver em uma reflexão mais aprofundada sobre o caso por aplicar diretamente o princípio da utilidade? Faltaria, ainda, demonstrar a possibilidade de reconciliação da promoção da utilidade com a proteção da autonomia, o que farei oportunamente.

CAPÍTULO 5

JOHN STUART MILL E O PATERNALISMO

O objetivo deste capítulo é analisar o pensamento de Mill e a questão envolvendo a possível aceitação do paternalismo em sua obra. A intenção inicial é desativar os argumentos que procuram justificar a aceitação por parte de Mill do paternalismo moral e legal. No primeiro momento serão analisadas algumas particularidades do pensamento de John Stuart Mill.

Mill, ao contrário do que alegam grande parte de seus críticos, possuía, desde sua crise mental (período de sua vida no qual coloca em xeque grande parte da educação recebida de Bentham), uma capacidade extraordinária para abrigar as mais diversas tendências filosóficas de seu tempo, o que motivou grande parte dos ataques que lhe foram dirigidos. Este texto procurará, também, investigar a preocupação milleana com as noções de *autonomia, auto-desenvolvimento* e *liberdade positiva*, posicionando-se por uma leitura de Mill como um pensador que defende uma versão *fraca* do *paternalismo*. Esta investigação propõe, ainda, a interlocução com os intérpretes contemporâneos de Mill, o que permitirá avaliar o impacto de suas ideias sobre o diálogo atual em torno da liberdade civil e do paternalismo[137].

Imediatamente após o anúncio de sua fórmula anti-paternalista[138] – "Na parte que diz respeito apenas a si mesmo, sua independência é, de direito, absoluta. Sobre si mesmo, sobre seu corpo e mente, o indivíduo é soberano"[139] - Mill começa a modificá-la muito seriamente. Primeiramente ele exclui desta regra, certas categorias de pessoas – crianças e bárbaros – que devem ser dirigidos em favor de seus próprios interesses. A razão evocada por Mill para justificar esta exceção é que essas pessoas são incapazes de se melhorar pela livre discussão entre indivíduos iguais. Em segundo lugar, no quinto capítulo de *On Liberty*, ele reconhece algumas circunstâncias particulares nas quais o paternalismo pode ser tolerado. No caso "de uma pessoa tentando atravessar uma ponte que sabidamente é insegura", Mill tolera o uso da força para evitar o que pode ser considerado como um dano a si mesmo, sendo adicionado

••••••••••••
137   Um ótimo texto acerca destes temas foi produzido recentemente por Piers Norris Turner. The absolutism problem in On Liberty, *Canadian Journal of Philosophy*, 2013. 43:3, 322-340.
138   Segundo John GRAY, "The anti-paternalist implication of Mill's principle stipulates that no one (state or society) can legitimately interfere with the fully voluntary choice of a nature of a nature rational agent concerning matters which affect only or primarily his own interests", *Mill on Liberty: A Defence*, p. 91.
139   MILL. *On Liberty*, p. 13: "In the part which merely concerns himself, his independence is, of right, absolute. Over himself, over his own body and mind, the individual is sovereign".

que este paternalismo não é tolerável quando há bastante tempo para advertir e informar[140].

Ou seja, Mill designa outra classe de ações estritamente individuais em que o paternalismo pode ser aplicado legitimamente.

Mill menciona o contrato de escravidão e afirma que a interdição legal desses contratos, mesmo quando estes são livremente estabelecidos, se justifica pelo fato de que a partir do momento da conclusão deste gênero de contrato, o indivíduo abdica definitivamente de sua liberdade. Mill reconhece, assim, que este gênero de permissão pode ter uma aplicação muito larga. E, pode-se constatar que se a prevenção de futuras restrições da liberdade de escolha justifica suficientemente a intervenção do Estado, o campo de intervenção paternalista torna-se, com efeito, muito vasto.

De um ponto de vista liberal há, consequentemente, um problema. O *princípio muito simples e absoluto* de Mill parece, à primeira vista, atrativo por que defende a liberdade individual contra o que se considera uma extensão abusiva da autoridade. Mas, ao mesmo tempo, Mill reconhece que em casos excepcionais o paternalismo pode ser legitimamente aplicado.

Essas duas posições são conciliáveis? Se não, o princípio do paternalismo poder ser tolerado e sua aplicação restrita? Para responder a essas questões, proponho definir inicialmente o princípio e explorar as implicações desta definição; proponho, também, que a solução deste problema possui uma inspiração utilitarista e é coerente com o princípio da liberdade, muito simples e absoluto de Mill, o que reforça a nossa interpretação da compatibilidade das teses sustentadas em *On Liberty* e *Utilitarianism*.

O princípio do paternalismo é um princípio que justifica a intervenção na conduta do indivíduo com a finalidade de impedir que possa causar danos a si mesmo ou, em um sentido mais radical, para fazer de modo com que aja para seu próprio bem.

Esta definição deixa vaga, no entanto, os modos de intervenção. A classificação de métodos possíveis é muito ampla[141]. Alguém pode, por exemplo, tentar impedir uma pessoa de causar danos a si mesma ao fornecer-lhe conselho e informação ou conselho e "desinformação"[142],

••••••••••••
140   MILL. *On Liberty*, p. 99.
141   Cf a discussão do antipaternalismo milleano em David O. Brink.
Mill's Progressive Principles. Oxford: Oxford University Press, 2013, pp. 190-196.
142   Emprego este termo moderno em um sentido bem

manipulando seu ambiente de modo que a ação prejudicial se torne, se não impossível, pelo menos difícil, ou ameace com represálias o indivíduo que escolha por agir, apesar das consequências prejudiciais para si mesmo. À luz destas variedades de métodos de intervenções possíveis, será difícil de se rejeitar completamente o princípio do paternalismo. Assim, quando a informação é impossível, como no caso da pessoa que atravessa uma ponte reconhecidamente perigosa, ou no caso de crianças e de bárbaros incapazes ainda de progredir pela discussão, Mill considera que o emprego de formas precisas de intervenção torna-se necessárias e legítimas.

De fato, o debate sobre o paternalismo, desde Mill até nossos dias não se relaciona à validez ou não do princípio mesmo. Quem, de fato, poderia rejeitá-lo exceto aqueles que são insensíveis aos sofrimentos dos outros? Mill em particular e os liberais em geral jamais colocam em questão o princípio mesmo do paternalismo, contanto que este seja limitado ao conselho, informação e indicação. O que está no centro do debate é a questão de saber se, e quando, outros modos de intervenção mais fortes, poderiam ser justificados. Quando o Estado tem o direito de passar, no caso de ações individuais que não são diretamente nocivas a seu autor, do modo de informação e aviso ao controle físico dessas ações? De um ponto de vista liberal o problema é saber se, sobre os fundamentos paternalistas, o Estado pode ultrapassar legitimamente o estágio de informação e orientação? Se não possuir este direito, como explicar os casos de intervenções coercitivas que parecem ser aceitos? E se tiver este direito, há limites para impedir que este recurso "protetor" dos indivíduos não se torne tirânico e destruidor da individualidade?

Há, no mínimo, duas respostas a estas questões. Em primeiro lugar, a intervenção é justificada somente se ela respeitar a *autonomia* das escolhas individuais ou, em outras palavras, somente se os sujeitos concernidos consentem voluntariamente. Onde o assentimento for efetivamente constatado, predito ou hipotético, a intervenção é legítima. Quando não o é, a intervenção é ilegítima. Esta exigência de consentimento, segundo a primeira versão é que permite admitir o princípio do paternalismo de Estado, como também permite limitá-lo. Com relação

determinado, pois ainda que John Stuart Mill considere o desvio da verdade "um dos piores inimigos" dos seres humanos, tolera a desinformação para preservar outrem "de uma grande e imerecida desgraça": "(...) todos os moralistas admitem que mesmo que essa regra [de dizer a verdade], sagrada como é, comporta possíveis exceções. As principais delas se verificam quando a omissão de um fato (como, por exemplo, de informações sobre um malfeitor, ou de más notícias de uma pessoa seriamente doente) salvaria um indivíduo (sobretudo um outro além dele mesmo) de uma grande e imerecida desgraça e quando a omissão se dá pela negação do fato". Cf. MILL. *Utilitarianism*, p. 69.

à segunda versão, a maioria dos exemplos de intervenções chamada paternalista não é, de fato, os casos de prevenções de ações prejudiciais a terceiros. Consequentemente, não defenderá nenhum paternalismo. A primeira resposta reconhece a legitimidade do paternalismo de Estado, mas tenta, no entanto, reduzir seu alcance a limites aceitáveis. A segunda adota o ponto de vista segundo o qual Mill rejeita todo paternalismo. Ele o utiliza para estabelecer as diferentes restrições da liberdade de ação individual, que para explicar as exceções, apelando a outro princípio que o paternalismo.

5.1 - As versões do Paternalismo

Depois do que analisamos até agora, podemos distinguir duas versões do paternalismo: um paternalismo mitigado ou fraco – weak[143] -, e o outro, radical ou forte – strong. O primeiro considera que a autonomia da escolha individual deve prevalecer, como valor superior, em toda decisão de intervenção na esfera estritamente individual. Se a autoridade tenta intervir nesta esfera privada, sua intervenção deve ser motivada por consideração indubitável do consentimento imediato do indivíduo concernido. Se, depois de haver impedido a realização sua ação (ou no momento mesmo de impedir), o indivíduo exprimir seu desacordo, ele recupera sua total liberdade, então a autoridade perde toda legitimidade para prosseguir a intervenção em que está engajada. Para a segunda versão, o respeito à autonomia é uma das condições que se deve levar em consideração no exame de possível intervenção. Entretanto, se a ação autônoma de um indivíduo for tida como irracional, a autoridade tem o direito à intervenção. Sua ingerência será motivada não pelo consentimento do indivíduo, sujeito empírico da intervenção, mas pelo consentimento desse mesmo sujeito se ele estivesse bem informado e perfeitamente racional. Esta segunda versão não consulta, assim, a vontade e os desejos empíricos de cada indivíduo, mas a vontade e os desejos intelectualmente definidos do indivíduo racional e bem informado em geral.

5.2 - Sobre o paternalismo fraco

Para Joel Feinberg o consentimento do indivíduo é necessário por que é a única maneira pela qual a autoridade pode saber se ela não interfere em sua autonomia. Entretanto, nós vimos que Mill define a autonomia pela liberdade de escolha.

● ● ● ● ● ● ● ● ● ● ● ●

143   Cf. Joel FEINBERG. Legal Paternalism, In: *Canadian Journal of Philosophy*, n°. 1, 1971, pp. 105-124, bem como sua obra: *Harm to self: the moral limits of the criminal law*. New York: Oxford University Press, 1986, e Gerald DWORKIN. Paternalism, In: *Morality, and law*. (Edited by Richard WASSERSTROM). Belmont, Califórnia, Wadsworth, 1971, pp. 107-126.

Consequentemente, antes mesmo de colocar a questão de saber se o indivíduo consentira, ou não, de modo que haja intervenção para modificar sua escolha, afirma Feinberg, que seria necessário, inicialmente, assegurar-se de que esta escolha está sendo realmente livre. Isto nos permitiria saber se é expressão da vontade de seu autor ou se este é influenciado. Se a escolha for autônoma, a intervenção é, em todo caso, ilegítima. Se, por outro lado, tem-se certeza que falta a autonomia da escolha ou que ela é seriamente afetada, a intervenção é legítima.

Feinberg não se esquece de definir as condições dessa 'certeza'. Ele designa cinco fatores redutores da autonomia que possam justificar a intervenção. Primeiramente ele cita a coerção por outras pessoas. O fato de que um indivíduo seja obrigado por outro (seu superior no trabalho e, em geral, toda pessoa que possa influenciar sua decisão). O segundo fator é a influência da droga, do álcool e de todo outro fator exterior ao sujeito mesmo. O terceiro é a depressão, os fortes impulsos e os desejos ardentes, as obsessões neuróticas e, o que é mais comum, as simples excitações emocionais, como a cólera, ou seja, os fatores que nascem no interior do sujeito. O quarto fator é a ignorância uma ou de diversas informações, decisivas para a realização da escolha em questão e que se traduz por uma má apreciação das consequências a seguir. E, enfim, o último fator é a ignorância das circunstâncias nas quais a escolha será concretizada, ou uma má apreciação das consequências a seguir, sendo um defeito ou uma fraqueza do agente na faculdade de raciocinar em reunir os elementos[144].

Não obstante, o consentimento não justifica toda intervenção paternalista, mas somente as ingerências que concernem pessoas cuja autonomia seja um dos cinco fatores redutores. Na prática, a interpretação desses fatores sendo relativa a quase toda forma de intervenção torna-se justificável segundo os critérios de Joel Feinberg. Neste sentido, não é o paternalismo, por definição, um ato altruísta? Não é este o nome do que se chamaria um ato que impede um indivíduo de causar danos a si mesmo? Se a autoridade – Sociedade ou Estado – considerar o fato de causar danos a si mesmo como um ato razoável, não interviria para impedi-lo. Se houver intervenção é por que considera irracional e anormal o que se procura impedir. Isto seria o suficiente para justificar a intervenção. É verdade, entretanto, que Feinberg considere a irracionalidade de um ato insuficiente para justificar a intervenção paternalista[145]. No entanto, há outros meios para questionar o sujeito, verificar se sua escolha é

• • • • • • • • • • • •
144   Cf. Joel FEINBERG. *Harm to self: the moral limits of the criminal law*, p. 113-117.

145   Joel FEINBERG. *Harm to self: the moral limits of the criminal law*, p. 109.

realmente autônoma, se não está sob a influência de outro, da droga ou do álcool, se goza de boa saúde física e moral, se não está depressivo ou com cólera, se está bem informado; enfim, se sua escolha não esteja alterada por um dos cinco fatores que Feinberg considera como redutores da autonomia da escolha?

Observe-se o caso de um indivíduo que decide pôr fim a sua vida jogando-se do alto de um edifício e que diz à polícia que vem impedi-lo, que ele escolhe morrer e que está perfeitamente consciente das consequências de sua escolha. Como a polícia pode estar certa disto antes de verificar se esta pessoa não age sob dificuldades familiares, se não está depressivo ou, simplesmente, se a decisão de se suicidar não é devido à ignorância de informações importantes, como a possibilidade de mudar seu modo de vida, por exemplo?

De fato, estas intervenções paternalistas não são absolutamente dirigidas contra a irracionalidade do ato em si. Elas procuram simplesmente assegurar que a irracionalidade é autônoma. Isto porque antes de suceder a uma conclusão, as investigações carecem de tempo para influenciar a pessoa em questão e para fazê-lo abdicar de sua decisão de se suicidar. Uma escolha que, no momento mesmo da intervenção, pode ser completamente autônoma.

O caso do suicídio pode-se objetar, é um caso fácil. Isto por que raramente alguém renuncia à vida sem ser forçado ou sem estar depressivo ou inconsciente. A autoridade pode, então, legitimamente intervir para averiguar a autenticidade da liberdade de escolha. Esta objeção não toca, de fato, o fundo do problema. O que procuramos demonstrar é que os cinco fatores que para Feinberg não legitimam a intervenção paternalista nas escolhas individuais não autônomas, podem justificar senão todas as intervenções paternalistas das escolhas autônomas, pelo menos justifica a maioria delas.

Para ilustrar esta interpretação proponho um exemplo. O *caso de Geraldo*, um empresário milionário que um dia escolhe livremente legar o fruto de toda uma vida de trabalho obstinado com obras de caridade. Então ele decide se isolar em um monastério, privando-se dos prazeres do mundo e consagrando-se totalmente à contemplação espiritual. Suponha, ainda, que este modo de vida tenha sido livremente escolhido, que a vontade de Geraldo não seja afetada por nenhum dos cinco fatores de Feinberg. Suponha, agora, que a sociedade de Geraldo, imbuída dos valores da 'modernidade capitalista', considere que a escolha dele seja irracional e mesmo perigosa para a saúde física e moral do empresário que era e que, então, decide deixar esta parte do mundo por que pensa que um homem elevado na capacidade do amor não poderia escolher a submissão e a privação espiritual e que está inconsciente, depressivo ou sob a influência de um poder hipnótico ou de um guru malfeitor. Se Geraldo protesta e não esteja obrigado por nenhum motivo junto à sociedade, sendo isto o suficiente para constatar que sua escolha seja perfeitamente autônoma, todas as intervenções – mesmo aquelas que concernem a indivíduos realmente depressivos, ignorantes ou hipnotizados – serão impossíveis e injustificáveis.

A intervenção paternalista seria um auxílio na auto-realização de diversos casos em termos de consentimento. Em outras palavras, a consequência de uma intervenção poderia ser uma alteração das atitudes, de sorte que o consentimento deve ser necessariamente obtido. O gênero de intervenção é, geralmente, muito rápido na maioria dos controles que as famílias exercem sobre suas crianças. Sendo assim, deve-se forçar as crianças a frequentar a escola, a fazer seus deveres, na esperança, em parte, que este constrangimento produza em seu lugar o desejo de se fazer livremente e que atualmente realizam sem atração. Também, ninguém tem o direito de ignorar o efeito das restrições legais sobre a mudança das atitudes populares, a força da lei para realizar seus objetivos desejáveis e legítimos. Então, o argumento do consentimento em sua versão fraca é circular, desde que a intervenção atual se justifique no fato da presunção de um futuro consentimento de que é o principal causador.

5.3 - Discutindo o paternalismo forte

A outra versão do argumento do consentimento, a versão forte ou radical, considera que a intervenção paternalista é justificada somente quando se possa sustentar racionalmente que o sujeito em questão autorizaria se fosse racional ou suficientemente informado. E, esta condição é válida quando é impossível de se assegurar seu consentimento no momento da intervenção ou para predizê-lo de forma inequívoca. Gerald Dworkin é um dos defensores desta versão. Para ele, a noção de consentimento é "a única maneira aceitável para delimitar o domínio do paternalismo legítimo"[146].

O que se deve procurar, diz-nos ele, são "as condições que permitam supor que os homens razoáveis pudessem consentir em limitar sua liberdade mesmo quando os interesses de outros não fossem afetados"[147]. Um tal acordo, afirma G. Dworkin, pode ser racionalmente alcançado ao ser baseado na proteção de bens gerais, como a saúde ou a educação, dos quais o desenvolvimento deve ser desejado por todos e ser considerado como necessário para a continuação dos bens particulares dos indivíduos. A dificuldade, G. Dworkin é consciente disto,

• • • • • • • • • • • •

146   Gerald DWORKIN. Paternalism. In: *Philosophy, politics and society*, Oxford: Basil Blackwell, pp. 78-79.
147   Ibidem.

surge quando os bens gerais concorrem entre si ou se opõem a bens particulares que os indivíduos concebem por si mesmos. G. Dworkin cita o exemplo da recusa das *Testemunhas de Jeová* da transfusão de sangue por razões religiosas. Alguém pode, consequentemente, diz ele, se colocar o problema das pessoas que articulam "esses valores irracionais concorrentes". O problema torna-se, então, saber como definir a escala racional de avaliação. O paternalismo será justificado segundo o que é, ou não, conforme a esta escala racional de valores?

Embora G. Dworkin insista sobre o consentimento como elemento essencial para toda justificação do paternalismo, ele não se limita aos exemplos onde os acordos efetivos do indivíduo empírico possam ser preditos, mas espera estender o argumento do consentimento até o ponto onde alguém poderia somente afirmar que o indivíduo razoável consentira.

Há duas objeções que põem em dificuldade este argumento. A primeira concerne à noção de ação irracional e, penso haver uma confusão no uso do conceito em dois sentidos diferentes. As ações irracionais são, em um sentido, aquelas que não tornam possível alcançar o objetivo desejado ou, se permite, produzirá o mau para seus autores, e não o bem almejado. As decisões irracionais deste modo podem ocorrer quando as pessoas não podem conceber a realidade das consequências de suas ações ou quando agem sob o efeito de emoções, sob uma influência psicológica que lhes privam de tomar plena consciência dos efeitos de suas ações. Uma tal irracionalidade justifica plenamente o paternalismo, condicionado, entretanto, que haja conselho e informação. É precisamente esta situação que Mill tinha em mente quando evocou o exemplo da ponte perigosa.

A segunda interpretação das ações irracionais tem consequências diferentes. Ela justifica, por exemplo, a ação do Ministério da Saúde em informar ou advertir sobre os perigos do tabagismo melhor do que interditar o consumo de cigarros. Estas fortes intervenções aumentariam a chance dos indivíduos agirem racionalmente, mas ela reserva ao indivíduo a liberdade de escolher qual ação é preferível para ele. A única exceção a esta regra é quando há uma urgência, quando não haja tempo suficiente para advertir, ou no caso de incorrigibilidade, quando está claro que o indivíduo não possui consciência das consequências de sua ação.

A interpretação que é feita por Gerald Dworkin das questões irracionais é, para mim, questionável. Ele afirma inicialmente que poderá ser um acordo geral por meio do qual a saúde e a educação não são somente bens, mas igualmente bens fundamentais e superiores. Então ele considera como irracionais as pessoas que não se conformam a esta classificação prioritária dos valores e declara-os irracionais, objeto legítimo da intervenção paternalista. O perigo é bem evidente. O paternalismo tem por missão o reforço de escolhas prioritárias que todo indivíduo deve respeitar. Por mais que alguém diga que existam alguns bens primitivos, como o bem-estar físico, que a maioria dos homens considera como importante, e mesmo que haja um nivelamento desses valores no topo de suas preferências, isto quererá dizer, certamente, que a intervenção paternalista para proteger os bens fundamentais alcançaria seu objetivo na maioria dos casos de intervenção visando impedir os indivíduos de causar danos a si mesmos. Entretanto, não restringe nem exclui do campo da racionalidade as ações individuais não-conformes à escala de valores estabelecidos, nem legitima a intervenção paternalista nessas ações.

A este respeito, Richard J. Arneson tem razão ao sublinhar que a intervenção paternalista na escolha voluntária, mas não completamente racional, viola a autonomia do agente ao impor os valores que não são seus. "A racionalidade – no sentido da prudência econômica (adaptação eficaz de meios e fins) - não é um valor que alguém tem o direito de impor a um adulto contra a sua vontade e para seu próprio bem, nem mesmo o direito de impor não importa qual outro valor sobre fundamentos paternalistas"[148].

Richard Arneson considera que o respeito à autonomia exige um respeito aos valores de outros porque ambos exprimem suas próprias concepções de Bem, segundo a expressão de John Rawls[149]. Esta racionalidade, que Arneson chama de "racionalidade econômica", é completamente neutra. É um princípio puramente formal da razão prática, que não privilegia nenhum valor sobre um outro.

As escolhas impetuosas ou espontâneas de uma pessoa que adota um estilo de vida temerário e imprudente podem ser irracionais. No entanto, não são menos voluntárias. Segundo Arneson, a racionalidade precede a vontade. Para Richard Arneson, e com ele todos os que partilham a mesma visão moderada, isto é diferente. "A racionalidade econômica" não define a escolha impetuosa como sendo irracional. Há aqueles para quem a impetuosidade é um caráter que o cálculo não auxilia no êxito, e que prefere agir rapidamente. Há outros que calculam tudo, que exigem tempo antes de se decidir. A maioria de nós se situa entre esses extremos. Em vez de dizer que os ímpetos são irracionais, eles desenvolvem um tipo de espontaneidade inconsistente com a deliberação e o cálculo. Feinberg e Arneson diriam que não necessita justificar as escolhas impetuosas para impedir o paternalismo, e que isto é necessário simplesmente para dizer que a impetuosidade é um caráter pessoal como um outro, um

• • • • • • • • • • • •

148   Richard ARNESON. Mill vs Paternalism, In: *Ethics*, 1980, n° 90, p. 474.

149   Cf. John RAWLS. *A Theory of Justice.*

direito derivado do direito à autonomia que Mill, além disso, reivindica insistentemente ao longo do capítulo III de *On Liberty*.

A segunda objeção principal à versão radical ou forte do argumento do consentimento é que o fato de requerer o consentimento para justificar a intervenção paternalista não é necessário. Arneson pensa que a intervenção paternalista é justificada pelo consentimento, e que isto pode ser dedutível de um agente razoável que o aceite, com o que poderia realmente promover seus interesses ou ajudando-o a realizar seus desejos atuais por que são racionais ou corrigindo-os a fim de colocá-los em conformidade com a escala racional das preferências. O consentimento provém, consequentemente, da racionalidade da intervenção, e a justificação da intervenção se funda essencialmente no princípio de impedir o indivíduo de causar danos a si mesmo. É certamente difícil ver qual força chama ao consentimento e o adiciona como primeira justificativa.

Por essas razões, nestas duas versões, o argumento do consentimento não permite resolver o dilema liberal do paternalismo. A primeira versão exclui do campo da intervenção paternalista os indivíduos que têm mais necessidade desta proteção. Além disso, ela se funda sobre a predição de um futuro consentimento do agente; uma predição que poderia ser demasiadamente perigosa ou uma profecia auto-realizável. A segunda versão, ao projetar uma escala padrão objetiva com a qual as preferências individuais serão avaliadas e julgadas, postula um consentimento tácito, deduzido intelectualmente e sem relação com os desejos concretos dos indivíduos. Ademais, as duas versões atenuam o peso do consentimento por que o que ambas pedem é que se demonstre que a intervenção concordará efetivamente em impedir o indivíduo de prejudicar a si mesmo.

Não obstante, as duas versões põem em destaque três pontos essenciais do debate sobre o paternalismo. O primeiro ponto, mais importante, é que a intervenção paternalista deve permitir o impedimento *efetivo* do agente de causar danos a si mesmo. Segundo, é que a versão fraca do argumento do consentimento sugere adicionar que é necessário respeitar a autonomia da escolha individual. Em outras palavras, é necessário referir-se aos desejos empíricos do indivíduo e que o único fato que pode justificar a intervenção paternalista é que o mal que esta intervenção procura eliminar deve ser considerado como um mal para seu autor mesmo. Ao sublinhar a importância do consentimento expresso, a versão fraca destaca a necessidade para relacionar a intervenção com as necessidades e com as preferências reais do indivíduo. Enfim, o terceiro argumento distingue entre as escolhas que dispõem de informações e aquelas que não dispõem. As escolhas informadas são aquelas nas quais as consequências são compreendidas, calculadas e esperadas, sendo que as escolhas mal informadas são aquelas nas quais as consequências são imprevistas ou, por uma razão qualquer, não foram examinadas de modo suficiente pelo agente. Uma das consequências mais importantes deste argumento é que a única intervenção legítima é aquela que concernida às escolhas inconscientes e mal informadas. Assim, se a escolha é inconsciente simplesmente por causa da ignorância do agente, a intervenção deve utilizar a informação e a advertência. Entretanto, se a inconsciência da escolha é motivada por outras razões, as formas de intervenções mais duras tornam-se, então, recomendáveis e legítimas. Uma outra consequência importante deste argumento é que a intervenção paternalista não é legítima, isso se esse ou esses que intervém não forem relativamente mais informados e mais conscientes que o sujeito da intervenção.

Gostaria de retornar agora, muito brevemente, ao segundo modo de aproximação do dilema liberal da intervenção paternalista. Mais precisamente, das intervenções que concernem às ações danosas a terceiros.

5.4 - Paternalismo e Princípio do Dano

Um dos principais problemas enfrentados por Mill em *On Liberty* é especificar o entendimento que possui do *princípio do dano*. Este princípio tem um papel altamente relevante no pensamento de Mill e visa estabelecer os limites legítimos para a interferência nas ações humanas. Nas palavras de Mill, "...o único propósito de se exercer legitimamente o poder sobre qualquer membro de uma comunidade civilizada, contra sua vontade, é evitar dano aos demais..."[150] Mill considera que ações que causem danos a terceiros possam sofrer interferências, mantendo ações que afetem tão somente ao agente imunes a tais interferências[151].

Uma das maneiras de se construir este argumento é tão antigo quanto o ensaio *On Liberty* mesmo[152]. Ele começa por uma crítica da distinção de Mill entre as ações que se referem que a si mesmo e aquelas

• • • • • • • • • • • •
150   **Mill.** *On Liberty*, **p. 17.**
151   Mill. "...In the part which merely concerns himself, his independence is, of right, absolute. Over himself, over his own body and mind, the individual is sovereign". *On Liberty*, **p. 13.** A mesma posição é encontrada em *Subjection of Women*, "That the principle which regulates the existing social relations between the two sexes—the legal subordination of one sex to the other—is wrong in itself, and now one of the chief hindrances to human improvement; and that it ought to be replaced by a principle of perfect equality, admitting no power or privilege on the one side, nor disability on the other."
152   Cf. J.C. RESS. *Mil and his early critics.* Leicester: University College, 1956, pp. 17-20.

que se referem a terceiros para, enfim, afirmar que a classe de ações que se refiram a si mesmo é "uma classe vazia". Não há neste argumento nenhuma ação particular, ou certamente muito poucas, que não afetem de uma maneira ou de outra, terceiros (ou os interesses de terceiros, se alguém considerar que essa expressão seja muito restritiva). Mais claramente, mesmo de um ponto de vista utilitarista, não haveria uma categoria de ações que não afetem a terceiros ou os interesses de outros.

Na base deste argumento todos os exemplos de intervenções paternalistas podem ser defendidos em termos de proteção de terceiros ou de seus interesses. Utilizarei o exemplo do cinto de segurança em veículos, exemplo frequentemente empregado no debate sobre o paternalismo. O argumento será formulado assim: supondo que a recusa em utilizar o cinto de segurança não afete senão o agente e não cause danos a outros, não obstante haja grande probabilidade de prejudicar-se a si mesmo e de afetar os interesses de terceiros. Pode, por exemplo, aumentar o preço dos seguros. Apresentaria, também, uma sobrecarga para o orçamento da saúde pública, e privaria a comunidade como um todo da contribuição social que este indivíduo poderia ter trazido se ele tivesse sido impedido de realizar esta escolha danosa. O uso obrigatório do cinto de segurança pode ser, assim, defendido como um meio de impedir o indivíduo de se prejudicar a si mesmo bem como um meio de evitar danos consideráveis, mas indiretos, para outros.

Este raciocínio é, certamente, problemático. Por que ao procurar justificar as intervenções paternalistas nos casos de condutas individuais, onde o uso da liberdade nos parece excessivos, é provável que se deixe a porta aberta a uma extensão ilimitada de intervenções do Estado na esfera privada, que o princípio absoluto de *On Liberty* se encarrega de defender. Isto é também uma solução que pode ser excluída por uma definição mais estrita do princípio mesmo do paternalismo. Mill não sugere esta definição quando assinala com insistência que os atos que se referem a si mesmo são aqueles que concernem ao agente "direta e prioritariamente"[153], mesmo quando elas causem danos "contingentes" para outros[154]. Esta redefinição responde, certamente, a acusação segundo a qual a classe de ações que não se referem a outros é uma classificação vaga.

Uma outra objeção a esta solução é a que a maior parte dos preços que a sociedade paga para reparar as consequências das escolhas individuais danosas e, que alguns utilizam para justificar o paternalismo, estão, de fato, nas cargas que a sociedade suporta voluntariamente.

• • • • • • • • • • • •

153   MILL. *On Liberty*, p. 78.

154   Cf. MILL. *On Liberty*, em especial o capítulo V, sobre as aplicações.

Ocorre que se algum Estado proíbe um marinheiro solitário de navegar livremente sob o pretexto que isto representa uma carga financeira muito alta para os serviços de seguro marítimos, ele pode, por exemplo, advertir que aqueles que se põem conscientemente em perigo teriam que pagar os custos do seguro. Ou, alguém poderia adverti-lo que no caso de perigo os serviços assegurados seriam cancelados. Não estou dizendo que essas medidas são draconianas são louváveis. Parece-nos, entretanto, que o sentimento de altruísmo que as almas caritativas possuem para ajudar aqueles que estão em perigo não é o bastante para interditar a qualquer um de fazer o exame dos riscos a que se expõe.

Outra maneira de apresentar o argumento, segundo o qual a intervenção aparentemente paternalista pode ser remanejada sob o princípio de não prejudicar a terceiros é elaborado por Donald Regan. Para ele, uma pessoa pode causar dano a seu "self futuro" (*future self*) e, uma vez que seu *future self* possa ser considerado como uma outra pessoa, aparentemente a intervenção paternalista pode ser defendida como um impedimento de danos a outros[155]. Um motociclista que escolhe conduzir sem o capacete de segurança é diferente, segundo Regan, do mesmo motociclista que lamenta as consequências perigosas de sua escolha em seguida ao evento que a torna vitima de um acidente no trânsito.

Em seu livro *Mill on Liberty*, C.L. Ten[156] faz uma crítica radical a esta tese. Se alguém deve punir o "self atual" (*actual self*) sob o pretexto que fará uma escolha danosa para o "self futuro" (*future self*), é também obrigado a punir este também "porque estará atado ao eu atual". Além disso, na mesma pessoa há o presente os prazeres, entendidos como bons e maus. Uma pessoa pode agir adequadamente, em sua conduta seguinte, ao utilizar o capacete de segurança. Entretanto, se alguém punir o segundo caráter por que é nocivo, punirá, ao mesmo tempo, injustamente, o primeiro. Outra objeção de Ten, a mais importante, é que a tese de Regan não pode ser aplicada nos casos de escolhas gravemente danosas. Ela não se aplica, por exemplo, no caso onde o acidente do motociclista é mortal. Por que não haverá dano a um *future self* no caso. Terry S. Kogan[157], que partilha a tese de Donald H. Regan, reconhece a relevância desta objeção e considera, consequentemente, que a intervenção do Estado no caso de suicídio é injustificada. Regan e Kogan reconhecem também que os

••••••••••••
155   Donald REGAN. Justification for paternalism. In: *The limits of law*. J. Rowland Pennock and John W. Chapman (edit.) New York: liber-Atheton, 1974, pp. 201-206.
156   C. L. TEN. *Mill on Liberty*. Oxford: Clarendon Press, 1980, pp. 119-123.
157   Terry S. KOGAN. The limits of state intervention: personal identity and ultra-risky actions. In: *The Yale Law Jornal*, 1976, p. 85.

acidentes que ocasionem lesões cerebrais agudas (perda da consciência ou de conhecimento) não permitem um dano a um "eu futuro", elas são ações que não se referem a si mesmas. Consequentemente, elas não são puníveis. Daí a conclusão crítica de muito lógica de C. L. Ten: "Se o porte do capacete de segurança possibilita a redução do número de mortes e os casos de lesões cerebrais graves em acidentes na estrada, então ele aumenta o risco de prejudicar a outro (como *future selves*) ao reduzir os números de ações danosas a si mesmo. Isto é, certamente, uma surpreendente, mas necessária consequência da defesa da ideia de ações danosas a um eu futuro"[158].

Não penso que a tese de Regan avance o debate, nem tampouco que haja qualquer interesse em discutir o indivíduo como múltiplo. Por que, se o argumento tem algum mérito, deveríamos simplesmente formular o princípio anti-paternalista e dizer que impede uma pessoa de prejudicar a seu *"future self"*, não justificando a intervenção paternalista, não mais que a prevenção de qualquer um contra a sua vontade de causar danos a seu *"actual self"*.

Esta segunda resposta geral ao dilema liberal, que procura demonstrar que não há realmente nenhum dilema, parece, então, falha. Ou melhor, permite esclarecer a posição anti-paternalista. Entretanto, o dilema ainda subsiste. A aceitação total do paternalismo de Estado conduziria a intromissões intoleráveis na liberdade individual. E, a rejeição total do paternalismo implicaria na rejeição de uma parte essencial da legislação que é geralmente útil e aceitável, tanto para o indivíduo como para o corpo social.

Outro modo de se observar a justificação da intervenção deve ser estritamente utilitário: a prevenção do mal. O dilema que cautelosamente proporemos requer um princípio pelo qual alguém possa limitar a intervenção utilitarista, um princípio que diversos críticos contemporâneos encontram no argumento do consentimento. A alternativa que proporemos é que os limites do paternalismo são inerentes ao utilitarismo.

A primeira questão que se coloca é saber se existe ou não uma justificação utilitária para poder legitimamente proibir todas as intervenções que não sejam concernentes ao próprio agente. Dissemos que é difícil ver porque os danos auto-infligidos devem ser isolados do cálculo utilitário do bem-estar. Rolf E. Sartorius procura explicar o modo como Mill concebe esta exclusão[159].

• • • • • • • • • • • •

158   C.L.TEN. *Mill on Liberty*. pp. 112-123.
159   Rolf E. SARTORIUS. *Individual conduct and social norms*. Belmont Dickenson, 1975, cap. 8, seção 3.

Sartorius demonstra que se houver uma classe de ações nas quais a maioria das ações sejam más e das quais algumas sejam boas de um ponto de vista utilitário, e que seja difícil distinguir corretamente as boas das más, o utilitarista deveria ser justificado ao interditar todas as ações desta classe. A posição de Mill, diz Sartorius, é que as intervenções legais nas ações que não se refiram a si mesmas são exemplos desta classe. E, assim, a interdição total destas intervenções é, de um ponto de vista utilitário, legítimo. Se esta for uma descrição correta da posição de Mill, sua conclusão é criticável de um ponto de vista utilitário, como o reconhece Sartorius mesmo. Se a distinção dos casos de intervenções paternalistas é realmente impossível sobre fundamentos utilitários, então, não pode haver solução utilitária ao dilema liberal.

Não é impossível, entretanto, como Mill o pensa, para distinguir as boas e as más ações paternalistas, pelo menos para traçar os limites, em termos de utilidade, das intervenções legítimas.

Algumas condições são inerentes em todos os tipos de intervenções utilitárias, quer sejam ou não paternalistas e são muito importantes de conhecer. Em primeiro lugar, a intervenção deve realmente realizar seu objetivo. Pode ser justificado somente se fizer o possível para impedir a ação danosa de se realizar. Se o governo deve proibir os cigarros, reforçar a advertência relativa aos malefícios do tabaco nos pacotes de cigarros ou proibir a publicidade do tabaco, então deve estabelecer a conexão causal entre o ato de fumar e os males do câncer de pulmão, por exemplo, ou com algum outro mal físico. Segundo, toda intervenção utilitária deve ter consequências vantajosas no balanço utilitarista. Pelo menos o preço da intervenção não deve exceder o benefício ganho, o prejuízo prevenido. Isto é importante para estabelecer este cálculo nos casos de intervenções paternalistas de saber a probabilidade de danos da ação individual e o grau de risco ao agente. Igualmente, a consideração do preço da intervenção deve conduzir à preferência ao conselho, à advertência e informação a outros meios de manipulação ou de coerção.

Estes limites utilitários gerais cobrem, acredito, muito mais que o princípio do consentimento anteriormente discutido. Indubitavelmente, desde que o argumento do consentimento seja baseado na demonstração de que o que está a longo prazo seja do interesse do indivíduo, o princípio utilitário limita mais, ou com o mesmo grau, a intervenção que o princípio do consentimento.

Gostaria de ir mais longe que isto para dizer que há limites utilitários a toda intervenção que se aplicam particularmente às intervenções paternalistas. Precisamente, o argumento é que, de um certo modo, o indivíduo conhece melhor que quaisquer outros seus próprios interesses, não porque esteja bem informado das consequências de sua ação, mas porque é o único a conhecer suas necessidades, a ordem de suas prioridades e de suas preferências[160].

Para continuar nesta direção, recorrerei a John Stuart Mill. Ele utiliza argumentos em sua defesa do princípio anti-paternalista, que parecem duvidar da eficácia, em termos de utilidade, da maioria das intervenções paternalistas.

> (...) But neither one person, nor any number of persons, is warranted in saying to another human creature of ripe years, that he shall not do with his life for his own benefit what he chooses to do with it. He is person most interested in his own well-being: the interest which any other person, except in cases of strong personal attachment, can have in it, is trifling, campared with that which he himself has; the interest which society has in him individually (except as to his conduct to others) is fractional, and altogether indirect: while, with respect to his own feelings and circumstances, the most ordinary man or woman has means of knowledge immeasurably surprassing those that can be possessed by one else. The interference of society to overrule his judgment and purposes in what only regards himself, must be grounded on general presumptions: which may be altogether wrong, and even if rigths, are as likely as not to be misapplied to individual cases, by persons no better acquainted with the circumstances of such cases than those are who look at them merely from without[161].

• • • • • • • • • • •
160   "Conforme observa Coleridge: o homem faz o motivo e não o motivo o homem. O que é do interesse do homem fazer ou deixar de fazer depende menos de qualquer circunstância exterior do que da espécie de homem que é. Se quisermos saber qual é praticamente o interesse de um homem, teremos de conhecer qual a disposição dos seus sentimentos e pensamentos habituais. Todo mundo tem duas espécies de interesses, aqueles dos quais cuida e os de que não cuida". MILL. Consideration on representative government. In: *The Collected Works of John Stuart Mill*, p. 444.
161   MILL. *On Liberty*. p. 76-77.

Esta citação contém dois elementos muito relevantes. O primeiro é que o indivíduo está mais concernido com seus próprios interesses do que qualquer outra pessoa, e mais especialmente que a sociedade como um todo. Se isto for verdadeiro e considerando que o altruísmo é uma das razões do paternalismo, os indivíduos seriam os primeiros a se encarregar de impedir suas ações com consequências danosas para eles mesmos, e obrigariam os demais (inclusive o Estado) desta missão que inevitavelmente gera um mau uso do poder.

O segundo elemento é que, os indivíduos conhecem melhor que qualquer um, seus próprios interesses. Consequentemente, se alguém aceita esta afirmação, diversas profissões devem, então, desaparecer, como a de médico ou a de vigilante, por exemplo, todas aquelas cujo conselho é, para nós, de nosso próprio interesse e que alguém deve, consequentemente, aplicar. Do mesmo modo, as interferências paternalistas, mesmo por meio do conselho e em casos limitados que Mill tolera, seriam todas ilegítimas desde que sejam *necessariamente* mal informadas.

Mas é também claro que há o risco dos indivíduos agirem de modo inconsciente - ou porque são ignorantes, ou porque estão em um estado de desordem psicológica, ou por outra razão – e passar à frente das consequências que não desejavam. Neste caso, os outros estariam em uma melhor posição para julgar o que concerne o interesse desses indivíduos, e é somente nestes casos que a intervenção é legítima. Entretanto, Mill fala também sobre os objetivos dos julgamentos, e seu argumento nos parece ser muito sólido. Isto porque o indivíduo conhece melhor que qualquer outro suas próprias necessidades e preferências e que está em melhor posição para calcular e definir seus interesses. E se sua ignorância ou má apreciação das consequências de sua ação possa justificar a intervenção, a relativa ignorância dos outros de seus objetivos justifica, em termos de utilidade, a interdição da intervenção.

O que é de interesse de uma pessoa se refere à satisfação das necessidades e de suas preferências atuais. Consequentemente, ninguém pode conhecer nem definir a real natureza dos interesses se ignora os objetivos, as necessidades e as preferências do indivíduo em questão. Brian Barry contesta esta tese ao identificar o que está no interesse da pessoa com o qual aumentará suas oportunidades de realizar o que deseja, não importando a natureza de seu desejo. Isto porque – diz-nos Barry – há um número de fontes gerais, com a riqueza como paradigma, que aumentará estas oportunidades, sendo possível definir os interesses do indivíduo, sem ter que consultar suas necessidades reais[162].

• • • • • • • • • • • •

162   Brian BARRY. *Political argument*. London: Routledge and Kegan Paul, 1965, pp. 176-186.

Há, brevemente, três objeções principais a esta tese. Primeiramente, implica que não está mais no interesse do indivíduo esgotar os recursos, nem de satisfazer suas necessidades, desde que isto diminua suas oportunidades futuras de possuir o que quer. Segundo, não é sempre verdadeiro que as fontes gerais, como a saúde, a educação, a riqueza ou o poder aumenta, necessariamente, as oportunidades para a pessoa ter o que deseja, não importando a natureza de seu desejo. Um indivíduo pode perseguir ideais que requeiram, ao contrário, pobreza e obediência. Terceiro, para aumentar as oportunidades de modo que o indivíduo obtenha o que deseja demandará a transformação de fontes gerais em fontes particulares. A natureza dessas fontes particulares do indivíduo não pode ser definida na ausência de conhecimento de seus objetivos e de suas preferências.

Neste sentido, Mill tem razão ao dizer que "o homem ou a mulher mais comum detém meios de conhecimento incomensuravelmente superiores aos que podem possuir todos os outros". Porque, se os outros podem estar mais bem informados sobre o que serão as consequências das ações individuais, o indivíduo o é mais capaz de saber o que é mal para si mesmo. Esta particularidade dos interesses é que justifica a limitação das intervenções paternalistas nas ações inconscientes e mal informadas dos indivíduos. Se os interesses de um indivíduo são, neste sentido, auto-definíveis, a intervenção paternalista nas ações completamente conscientes é simplesmente contraditória. Se um indivíduo é consciente das consequências de sua ação, então não pode ser dito que age contra seus interesses, e que a intervenção é justificada como precaução para impedi-lo de causar danos a si mesmo.

Estas considerações devem, alguém poderá dizer, criar dúvidas no espírito do utilitarista sobre a eficácia e a legitimidade do paternalismo de Estado. O Estado sempre deve ignorar a realidade dos interesses dos indivíduos. Se ele deve obrigatoriamente agir por meio de regras gerais, deve agir de maneira paternalista, ao postular a existência (quimérica) de uma ordem universal de preferências individuais. É o que Mill pensa quando escreve que "a interferência da sociedade na suplantação desses juízos e propósitos relativos à própria pessoa se funde em pressuposições gerais, as quais podem estar inteiramente erradas". O argumento de Mill parece, então, ter a seguinte forma: uma vez que a legislação paternalista parece supor uma escala de valores e, sendo que esta escala é quimérica, nenhuma intervenção paternalista é legítima.

Alguém poderia procurar justificar a intervenção paternalista ao consultar o cálculo utilitarista das vantagens. Para examinar o exemplo do porte do cinto de segurança em automóveis, poderia haver condutores para os quais fazer um exame de risco fosse o aspecto principal do prazer de conduzir e que, consequentemente, decidem conscientemente não utilizar o cinto. Mas, pode ser que a maioria dos motoristas que não utilizam o cinto de segurança o faça por ignorância, por lapso de memória, ou por não-atenção habitual com as consequências de suas ações. Neste caso, o legislador utilitarista poderia legitimamente decidir que a proteção de danos daqueles que omitem inconscientemente de utilizar o cinto de segurança seja mais importante que os efeitos danosos desta proteção sobre aqueles que se recusam conscientemente de usá-lo. Entretanto, e isto é importante de sublinhar, a intenção do legislador não deve ser de punir as decisões conscientes. Se este é o caso, sua decisão será, utilitaristamente falando, má. Sua intenção deverá ser, de preferência – somente – de corrigir e de proteger as escolhas inconscientes.

Duas outras restrições ao paternalismo de Estado estão no que chamo *a particularidade dos interesses*. Primeiramente, quando a intervenção é necessária, a informação e o conselho são preferíveis, como meios, à manipulação e à coerção. Por que, por definição, a informação e o conselho afetam as somente escolhas inconscientes e o paternalismo de Estado não pode se estender sobre as escolhas conscientemente calculadas ou mesmo influenciá-las. Segundo, *a particularidade dos interesses* sugere que é preferível, a cada vez que é possível de o fazer, autorizar qualquer exceção às diretivas paternalistas. Penso particularmente no caso dos motociclistas (frequentemente usado no debate sobre o paternalismo) que se recusam a utilizar o capacete. Aqui temos um grupo de indivíduos bem determinados que parecem fazer uma escolha consciente. Eles preferem incorrer no risco de serem prejudicados que abandonar este hábito. Neste caso, será preferível, de um ponto de vista utilitarista, que o legislador leve em conta certas especificidades e os preserve, excepcionalmente, da aplicação da lei.

O objetivo e a justificação do paternalismo devem ter um caráter utilitário: a prevenção do mal. Sugiro que as considerações utilitaristas possuem limites muito severos à extensão e à aplicação do paternalismo de Estado, que resumo em cinco condições principais. Primeiramente, a relação entre a ação que é necessária proibir e as consequências supostamente danosas devem ser claramente demonstradas. Onde não existir uma relação causal necessária, o risque de dano não é suficiente para se intervir ou proibir a ação. Segundo, a intervenção deve ter consequências benéficas de um ponto de vista utilitário. Isto não implica somente que o preço da intervenção não deva ultrapassar o prejuízo que a ação danosa arrisca causar, mas também que as consequências da intervenção não devem ser mais danosas para o agente que as consequências de sua própria decisão se esta for realizada. Terceiro, o mal a se prevenir deve ser percebido como tal, e mesmo como um mal absoluto pela maioria dos indivíduos afetados por esta intervenção. É claro que as ações consideradas danosas devem ser ações inconscientes. Quarto, sempre que for possível, o Estado deve privilegiar a informação e o conselho à manipulação e à coerção. Inicialmente, porque o preço, de um ponto de vista utilitário, da informação e do conselho é, na maioria dos casos, menos importantes que o preço da intervenção coercitiva. Sendo assim, a intervenção informativa não se estende sobre aqueles nos quais as escolhas são conscientes. Finalmente, sempre que for possível, o legislador deverá preservar os indivíduos ou os grupos de indivíduos que mostram uma afeição muito forte com valores e objetivos de suas ações, que com os danos destas mesmas ações e que são mais felizes fazendo o que fazem do que se abstendo de fazê-lo.

Referências:

ARCHARD, D. 'Freedom Not to be Free: The Case of the Slavery Contract In: J. S. Mill's on Liberty'. *The Philosophical Quarterly* 40, no. 161, 1990, pp. 453–65.

ARNESON, Richard. Mill vs Paternalism, In: *Ethics*, 1980, nº 90.

___. Paternalism, Utility and Fairness. Reprinted in *Mill's On Liberty: Critical Essays*. Ed. Gerald Dworkin (New York: Rowman & Littlefield, 1997).

BARRY, Brian. *Political argument*. London: Routledge and Kegan Paul, 1965.

BRINK, David O. *Mill's Progressive Principles*. Oxford: Oxford University Press, 2013.

DWORKIN, Gerald. Paternalism, In: *Morality, and law*. (Edited by Richard WASSERSTROM). Belmont, California, Wadsworth, 1971.

___. Paternalism. In: *Philosophy, politics and society*, Oxford: Basil Blackwell.

FEINBERG, Joel. Legal Paternalism, In: *Canadian Journal of Philosophy*, nº. 1, 1971.

___. *Harm to self: the moral limits of the criminal law*. New York: Oxford University Press, 1986.

FUCHS, A. 'Autonomy, Slavery, and Mill's Critique of Paternalism'. In: *Ethical Theory and Moral Practice* 4, no. 3, 2001, pp. 231–55.

KOGAN, Terry S. The limits of state intervention: personal identity and ultra-risky actions. In: *The Yale Law Jornal*, 1976.

REGAN, Donald. Justification for paternalism. In: *The limits of law*. J. Rowland Pennock and John W. Chapman (edit.) New York: Liber-Atheton, 1974.

RESS, J.C. *Mil and his early critics*. Leicester: University College, 1956.

SARTORIUS, Rolf E. *Individual conduct and social norms*. Belmont Dickenson, 1975.

TEN, C. L. *Mill on Liberty*. Oxford: Clarendon Press, 1980.

TURNER, Piers Norris. The absolutism problem in On Liberty. *In: Canadian Journal of Philosophy*, 2013. 43:3, 322-340.

REFERÊNCIAS

ARCHARD, D. 'Freedom Not to be Free: The Case of the Slavery Contract In: J. S. Mill's on Liberty'. *The Philosophical Quarterly* 40, no. 161, 1990, pp. 453–65.

ARNESON, Richard. Mill vs Paternalism, In: *Ethics*, 1980, nº 90.

____. Paternalism, Utility and Fairness. Reprinted in *Mill's On Liberty: Critical Essays*. Ed. Gerald Dworkin (New York: Rowman & Littlefield, 1997).

BARRY, Brian. *Political argument*. London: Routledge and Kegan Paul, 1965.

BERLIN, Isaiah. John Stuart Mill and the ends of life. In: *Four essays on liberty*. Oxford: Oxford University Press, 1969.

BERMUDO, Jose Manuel. *Eficacia y Justicia*: Posibilidad de un utilitarismo moral. Barcelona, Horsori, 1992.

BRANDT, Richard. *Ethical Theory*: The *Problems of Normative and Critical Ethics*. Englewood Cliffs, NJ: Prentice-Hall, 1959.

BRINK, David O. *Mill's Progressive Principles*. Oxford: Oxford University Press, 2013.

CARVALHO, Maria Cecília Maringoni de. *Utilidade e liberdade na obra de John Stuart Mill*. In: Reflexão, Campinas, nº 74, maio/junho/1999.

COWLING, Maurice. *Mill and Liberalism*. Cambridge: Cambridge University Press, 1963.

CRISP, Roger. *Mill on Utilitarianism*. London, New York: Routledge, 2006.

____. *Routledge Guide Book on Mill's on Utilitarianism*. Oxford: Oxford University Press, 2006.

DRYER, D. P. "Mill's Utilitarianism". Essays on Ethics, Religion and Society. In: J.M. Robson (ed.). *Collected Works of John Stuart Mill*, Vol. 10. Toronto: Toronto University Press, 1969.

DWORKIN, Gerald. Paternalism, In: *Morality, and law*. (Edited by Richard WASSERSTROM). Belmont, Califórnia, Wadsworth, 1971

EGGLESTON, Ben; MILLER, Dale E. (eds.). *The Cambridge Companion to Utilitarianism*. Cambridge University Press, 2014.

FEINBERG, Joel. Legal Paternalism, In: *Canadian Journal of Philosophy*, nº. 1, 1971.

____ *Harm to self: the moral limits of the criminal law*. New York: Oxford University Press, 1986.

FUCHS, A. 'Autonomy, Slavery, and Mill's Critique of Paternalism'. In: *Ethical Theory and Moral Practice* 4, no. 3, 2001, pp. 231–55.

GRANSTON, Maurice. "When we should censure the censors", In: *The Times Higher Education Supplement*. London: Times Newspapers, 23 September 1977.

GRAY, John. *Mill on Liberty: a defence*. London: Routledge Kegan Paul, 1983.

____. *Liberalisms: essays in political philosophy*. London/New York: Routledge, 1983.

____. "John Stuart Mill: Traditional and Revisionist Interpretations".

Disponível em: http://www.econlib.org/library/Essays/LtrLbrty/gryMTR.html. Acessado em 10/09/2014.

GUILLIN, Vincent. Biopolitique, utilitarisme et libéralisme - John Stuart Mill et les Contagious Diseases Acts. In: *Archives de Philosophie*, 73, 2010, 615-629.

GUISÁN, Esperanza. El Utilitarismo. In: CAMPS, Victoria. *Historia de la ética*. vol. II, Barcelona: Crítica, 2006.

___. *Una ética de libertad y solidariedad*: John Stuart Mill. Barcelona: Antrophos, 2008.

HABIBI, Don. J. S. Mill's revisionist utilitarianism. In: *British Journal for the History of Philosophy*, 1998, 6:1, 89-114.

Herzen, Alexandr Ivánovich Herzen. *Pasados y pensamientos*. Madrid: Tecnos, 1994.

HIMMELFARB. G. *On Liberty and liberalism: The case of John Stuart Mill*. New York: Alfred A. Knopf, 1974.

___ "Liberty: 'One Very Simple Principle'" In: The American Scholar. Automne 1993, Vol. 62, n. 4.

HOAG, R. 'Mill's Conception of Happiness as an Inclusive End'. In: *Journal of the History of Philosophy*. 25 (1987): 417-431.

HOMIAK, Marcia, 'Moral Character', *The Stanford Encyclopedia of Philosophy (Spring 2011 Edition)*, Edward N. Zalta (ed.), <http://plato.stanford.edu/archives/spr2011/entries/moral-character/>. Acessado em: 11/09/2012.

KOGAN, Terry S. The limits of state intervention: personal identity and ultra-risky actions. In: *The Yale Law Jornal*, 1976.

KREIDER, S. Evan. 'Mill on Happiness'. In: *Philosophical Papers*. Vol. 39, No. 1 (March 2010): 53-68.

LETWIN, Shirley Robin. *The Pursuit of certainly, David Hume, Jeremy Bentham, John Stuart Mill, Beatrice Webb*. Cambridge: Cambridge University Press, 1965.

MANDELBAUM, Maurice. "Two Moots Issues in Mill's Utilitarianism". In: *Mill: A Collection of Critical Essays*. Edited by J.B. Schneewind. Garden City, NY: Doubleday, 1968.

McCLOSKEY, H. J. 'Liberty of Expression, its grounds and limits' In: *Inquiry*, n. 13, 1970.

MILL, John Stuart. *On Liberty*. Cambridge Texts in the History of Political Thought: Cambridge University Press, 2005.

___. *De la liberté*. Trad. D. White, Paris: Gallimard, 1869.

___. *Utilitarianism*. Edited by Roger Crisp. Oxford: Oxford University Press, 2004.

___. Later Letters of John Stuart Mill 1849–1873, ed. Francis Mineka and Dwight N. Lindley, In: J. M. Robson (ed.) *Collected Works of John Stuart Mill*, Vols. XIV–XVII. Toronto: Toronto University Press, 1972.

___. Lettre de Mill à Charles Dupont-White, (Saint-Véran, Avignon, 24

Autor:

Mauro Cardoso Simões é Doutor em Filosofia pela Unicamp e Professor na Faculdade de Ciências Aplicadas da Universidade Estadual de Campinas – UNICAMP. Possui três livros publicados: *Nietzsche, a escrita e a moral* (Alínea, 2003) e *John Stuart Mill & a Liberdade* (Zahar, 2008), *Os caminhos da reflexão metafísica: fundamentação e crítica* (InterSaberes, 2015), além de diversos artigos em revistas especializadas (nacionais e internacionais) de Filosofia. Dedica-se a investigar Ética e Filosofia Política, com especial atenção ao *Utilitarismo* e ao Pensamento político liberal. Leciona nas seguintes disciplinas de Graduação: 'Ética e Cidadania', 'O utilitarismo e seus críticos' e 'Filosofia e Ciências Humanas'; e 'Pensamento humanístico e condição humana na modernidade', disciplina do Mestrado Interdisciplinar em Ciências Humanas e Sociais Aplicadas.